PARAMAHANSA JOGANANDA
(1893 – 1952)

NAUKOWY
aspekt
RELIGII

Paramahansa Jogananda

Przedmowa:

Douglas Ainslie, B.A., M.R.A.S.

Self-Realization Fellowship
FOUNDED 1920
Paramahansa Jogananda

O TEJ KSIĄŻCE: Najwcześniejsza z wydanych prac Paramahansy Joganandy, *Naukowy aspekt religii*, zajmuje szczególne miejsce w zbiorze jego książek i nagrań biblioteki SRF. Publikacja ta jest rozszerzeniem pierwszego wykładu Śri Joganandy w Ameryce, historycznej prelekcji, która po raz pierwszy przedstawiła jego nauki światu Zachodu. Wygłoszona w 1920 roku, na międzynarodowym kongresie przywódców religijnych w Bostonie, została entuzjastycznie przyjęta przez delegatów – i publiczność, dla której została udostępniona w formie ulotki. W 1924 r. Śri Jogananda uzgodnił ze swoim stowarzyszeniem zaprezentowanie zredagowanej i rozszerzonej edycji, i od tamtej pory książka jest stale wydawana. Przedmowa wybitnego męża stanu i filozofa Douglasa Ainslie została dodana w 1928 roku i jest załączana we wszystkich kolejnych wydaniach.

Tytuł oryginału w języku angielskim wydanego przez
Self-Realization Fellowship, Los Angeles (Kalifornia):
The Science of Religion

ISBN-13: 978-0-87612-005-7
ISBN-10: 0-87612-005-2

Przekład na polski: Self-Realization Fellowship
Copyright © 2013 Self-Realization Fellowship

Wydanie auroryzowane przez International Publications Council
of *Self-Realization Fellowship*

Nazwa i emblemat *Self-Realization Fellowship* (widoczny powyżej) widnieją na wszystkich książkach, nagraniach oraz innych publikacjach wydanych przez SFR i upewniają czytelnika, że są to oryginalne prace organizacji założonej przez Paramahansę Joganandę i że wiernie przekazują jego nauki.

Pierwsze wydanie w języku polskim przez *Self-Realization Fellowship*, 2013
First edition in Polish from *Self-Realization Fellowship*, 2013

To wydanie 2013
This printing 2013

ISBN-13: 978-0-87612-403-1
ISBN-10: 0-87612-403-1

1213-J1767

Duchowe Dziedzictwo Paramahansy Joganandy

W sto lat po swoich narodzinach Paramahansa Jogananda został uznany za jedną z najwybitniejszych duchowych postaci naszych czasów, a wpływy jego życia i działalności stale wzrastają. Liczne religijne i filozoficzne koncepcje i metody, które przedstawił wiele dekad temu znajdują obecnie swój wyraz w edukacji, psychologii, biznesie, medycynie oraz innych sferach działalności — przyczyniając się w dalekosiężny sposób do bardziej zintegrowanej, humanitarnej i duchowej wizji ludzkiego życia.

Fakt, że nauki Paramahansy Joganandy są interpretowane oraz twórczo wykorzystywane w wielu różnych dziedzinach, a także przez przedstawicieli różnorodnych filozoficznych i metafizycznych ruchów, wskazuje nie tylko na ogromną praktyczną użyteczność tego, czego nauczał. Wskazuje to również jasno na potrzebę zastosowania pewnych środków zapewniających, że duchowe dziedzictwo, które pozostawił, nie zostanie spłycone, podzielone lub wypaczone wraz z upływem czasu.

Wraz ze wzrostem liczby źródeł informacji na temat Paramahansy Joganandy, czytelnicy czasem pytają, jak mogą być pewni, że publikacja dokładnie odzwierciedla jego życie i nauki. W odpowiedzi na te pytania, chcielibyśmy wyjaśnić, że Śri Jogananda założył Self-Realization Fellowship[1], aby rozpowszechniać swoje nauki i zachować ich

---

[1] W dosłownym tłumaczeniu "Stowarzyszenie Samorealizacji". Paramahansa Jogananda wyjaśnił, że nazwa Self-Realization Fellowship oznacza

wierność i spójność dla przyszłych pokoleń. Sam osobiście wybrał i przeszkolił spośród swoich najbliższych uczniów tych, którzy prowadzą Radę Wydawniczą Self-Realization Fellowship i przekazał im ścisłe wytyczne dla przygotowywania i wydawania jego wykładów, pism oraz *Lekcji Self-Realization Fellowship*. Członkowie Rady Wydawniczej SRF honorują nienaruszalną świętość tych wytycznych, dbając o to, aby uniwersalne przesłanie tego ukochanego światowego nauczyciela mogło przetrwać w swojej oryginalnej sile i autentyczności.

Nazwa Self-Realization Fellowship oraz emblemat SRF (poprzedzający tytuł tego rozdziału) zostały stworzone przez Paramahansę Joganandę, aby identyfikowały organizację, którą założył w celu kontynuowania jego duchowego i humanitarnego dzieła na całym świecie. Pojawiają się one na wszystkich wydanych przez Self-Realization Fellowship książkach, nagraniach audio i wideo, filmach oraz innych publikacjach, aby dać pewność czytelnikowi, że są to publikacje organizacji założonej przez Paramahansę Joganandę i wiernie przekazują jego nauki, tak jak on sam zamierzał je przedstawić.

—Self-Realization Fellowship

"wspólnotę z Bogiem poprzez Samorealizację i przyjaźń ze wszystkimi poszukującymi prawdy duszami". Zobacz także "Cele i ideały Self-Realization Fellowship".

W uznaniu dla jego pobożności, szczodrości wobec wielu zasłużonych ruchów i pionierskiego patronatu nad szkołą opiekuńczo-wychowawczą dla chłopców w Ranchi (Yogoda Satsanga), Bihar, Indie, książka ta jest z miłością dedykowana świętej pamięci czcigodnemu Maharadży Śri Manindry Chandra Nundy z Kasimbazaru, w Bengalu.

SPIS TREŚCI

Przedmowa xi

Słowo wstępne xv

Wprowadzenie.. 3

CZĘŚĆ

1. Uniwersalność, niezbędność oraz jedność religii 9

Wspólny cel życia 9

Uniwersalna definicja religii.. 12

Co to znaczy być religijnym?... 13

Religia „wiąże" nas do praw dobrotliwości.......................... 14

Religia to kwestia zasad.. 16

Uniwersalna religia jest pragmatycznie niezbędna................. 17

2. Ból, przyjemność i Szczęśliwość: różnice między nimi 23

Ostateczna przyczyna bólu i cierpienia 23

Bezpośrednie przyczyny bólu 25

Przyjemność jest podwójną świadomością.......................... 26

Mylenie środków z celami.. 28

Świadomość-Szczęśliwości pojawia się po
zerwaniu utożsamienia z ciałem.. 31

3. Bóg, jako Szczęśliwość 35

Wspólny motyw dla wszystkich działań............................... 35

Jedynie świadomość Szczęśliwości może skutecznie
uspokoić pobudzenie 37

Czym jest Bóg?... 39

Dowód na istnienie Boga kryje się wewnątrz nas samych 40

Religia staje się uniwersalnie niezbędna wówczas jedynie,
gdy Bóg pojmowany jest jako Szczęśliwość......................... 42

Nasze aspiracje duchowe znajdują spełnienie w Bogu, czyli
w świadomości Szczęśliwości 45

Wielki spektakl życia..47

4. Cztery podstawowe religijne metody................................**51**

Konieczność religijnych metod 51

„Syn Boży" i „Syn Człowieczy".................................52

Pochodzenie sekciarstwa..53

Cztery podstawowe religijne metody.........................54

1. Metoda intelektualna..54

2. Metoda dewocyjna..57

3. Metoda medytacyjna...58

4. Metoda naukowa, czyli joga...................................60

Fizjologiczne wyjaśnienie metody naukowej.............63

*Praktykowanie metody naukowej uwolnienia od zakłóceń
cielesnych i psychicznych*..64

*Stała praktyka naukowej metody prowadzi do świadomości
Szczęśliwości, czyli Boga*..69

Metoda naukowa działa bezpośrednio z siłą życiową....70

**5. Instrumenty wiedzy i teoretyczna wiarygodność
metod religijnych** **73**

Trzy instrumenty wiedzy:..74

1. Percepcja 74

2. Wnioskowanie 76

3. Intuicja 79

*Poprzez intuicję można urzeczywistnić Boga we wszystkich
Jego aspektach*..81

O autorze...83

Paramahansa Jogananda: jogin za życia i śmierci.................87

Cele i ideały Self-Realization Fellowship.......................89

PRZEDMOWA

Douglas Grant Duff Ainslie

(1865 – 1952)

(Angielski mąż stanu, poeta i filozof;
delegat na Międzynarodowy Kongres Filozoficzny,
na Uniwersytecie Harvarda)

Ta krótka książeczka przynosi nam klucz do wszech-świata.

Jej wartości nie da się oszacować słowami, albowiem pomiędzy tymi cienkimi okładkami odnajdujemy kwiat *Wed* i *Upaniszad*, istotę Patandżalego, największego przedstawiciela filozofii i metody jogi, oraz myśli Szankary, największego umysłu, jaki kiedykolwiek zamieszkiwał doczesne ciało. Po raz pierwszy, wszystko to znajduje się w masowym zasięgu.

Jest to przemyślane wystąpienie kogoś, kto po wielu wędrówkach, w końcu znalazł na Wschodzie rozwiązanie zagadek świata. Ów Hindus objawił całemu światu Prawdę. I jest to zupełnie naturalne, jeśli rozważymy, że ponad pięć tysięcy lat temu, kiedy przodkowie Brytyjczyków, Celtów, Greków i Latynów, prawdziwi barbarzyńcy, przemierzali rozległe lasy w Europie w poszukiwaniu pożywienia, Hindusi już zajmowali się rozmyślaniem nad tajemnicą życia i śmierci, o której obecnie wiemy, że jest jedną i tą samą.

Istotnym punktem, na który należy wskazać w naukach Paramahansy Joganandy w przeciwieństwie do takich europejskich filozofów jak Bergson, Hegel i inni, jest to, że nie są one spekulatywne, ale praktyczne, nawet wtedy, kiedy zajmują się najbardziej dogłębnymi sferami metafizyki. Przyczyna leży w tym, że Hindusi w sposób niezależny od dorobku całej ludzkości, wdarli się poza zasłonę tajemnicy i posiedli wiedzę, która tak naprawdę nie jest filozoficzna, to znaczy miłująca mądrość, ale jest samą mądrością. Albowiem wiedza ta, wyrażona w kategoriach dialektyki werbalnej, musi siłą rzeczy otwierać się na krytykę filozofów, których życie, jak to ujął Platon, polega na nieustannym zajmowaniu się dyskusją. Prawdy nie można wyrazić słowami, a kiedy używa się słów, nawet jak w przypadku Szankary, wtedy wnikliwe umysły zawsze potrafią znaleźć lukę do ataku. Istotnie, to co skończone nie może zawrzeć w sobie nieskończoności. Prawda nie jest wieczną dyskusją; jest po prostu Prawdą. Wynika stąd, że Prawdę można poznać, ponad wszelką wątpliwość, jedynie poprzez faktyczne osobiste urzeczywistnienie za pomocą praktyk lub metod, takich jakie oferuje Paramahansa Jogananda.

Cały świat pragnie szczęśliwości, tak jak mówi i dowodzi tego Paramahansa Jogananda, ale większość daje się zwieść pragnieniu przyjemności. Sam Budda wyraźnie stwierdził, że to pragnienie, za którym nieświadomie gonimy, prowadzi nas w grzęzawisko nieszczęść, w które brnie bezradnie większość ludzi.

Ale Budda nie określił z taką samą przejrzystością czwartej z czterech metod osiągnięcia stanu szczęśliwości, którego wszyscy pragniemy. Ta czwarta metoda jest zdecydowanie najłatwiejsza, ale do jej praktycznego opanowania niezbędne jest kierownictwo eksperta. Ów ekspert jest obecnie pośród nas po to, aby przekazać Zachodowi technikę, proste zasady, które przez wieki przekazywane były w spadku przez starożytnych filozofów indyjskich, i które prowadzą do urzeczywistnienia, czyli stanu trwałej szczęśliwości.

Zawsze podkreśla się, że ten bezpośredni kontakt ma ogromne znaczenie w myśli hinduskiej i w praktyce. Aż do chwili obecnej pozostawał on poza naszym zasięgiem, z wyjątkiem tych, którzy mieli szczęście zamieszkiwać w Indiach. Teraz jednak, kiedy jest on możliwy na Zachodzie, dosłownie w zasięgu ręki, to niemądrze byłoby unikać podejmowania prób i stosowania praktyk, które same w sobie przynoszą intensywną radość – „zdecydowanie dużo większą radość, niż największe przyjemności, jakich mogą nam dostarczyć nasze pięć zmysłów albo nasz umysł", co zgodnie z prawdą deklaruje Paramahansa Jogananda i dodaje: „Nie pragnę dawać na to nikomu żadnego innego dowodu, niż ten, jakiego dostarczy mu jego własne doświadczenie".

Pierwszy krok uczynić można czytając tę książeczkę; kolejne konieczne dla osiągnięcia pełnego stanu szczęśliwości przyjdą w sposób naturalny.

Na zakończenie, pozwolę sobie zacytować kilka wersów z mojego „Jana z Damaszku", w których próbuję w sposób poetycki zasugerować to, co przekazuje ta książka. Budda mówi nam, kim jest dla nas Paramahansa Jogananda, albowiem „Budda" znaczy po prostu: „Ten, kto wie".

Długom wędrował, długo, śpiewał on,
Skrępowany łańcuchami poprzez żywoty i cierpienia
Niepoliczone, i odczuwałem ukłucia
Jaźni w płomieniach, wściekłego pragnienia.

Odkryta, odkryta jest, Przyczyna, śpiewał on,
Jaźni w płomieniach, dzikiego pragnienia.
Żaden dom, O Architekcie, nic zostanie
Znów dla mnie, kiedykolwiek zbudowany.

Twe krokwie strzaskane, rozproszone
Kompletnie twego dachu drwa:
Już więcej nie zbudujesz domu dla mnie.

Moją jest Nirwana, moją; jest już
W mym zasięgu, przed oczyma moimi.
Teraz, jeśli chcę, teraz, mogę
Odejść teraz na wieki
W szczęśliwość wieczną, nie zostawiwszy
Po sobie śladu ni w tym, ni w innym miejscu.

Ale miłość niosę ci, miłość; i pozostaję,
Ludzkości, dla twego wyłącznie dobra,
Moimi własnymi rękami most zbudować
Który, jeśli przekroczysz, ty również zdobędziesz
Wolność od narodzin, śmierci i bólu,
I tym sposobem wieczną szczęśliwość posiądziesz.

Mamy pośród nas budowniczego mostów. Swoimi własnymi rękami wybuduje on most, jeśli naprawdę chcemy, aby to zrobił.

Londyn, Anglia Luty 1927 r.

SŁOWO WSTĘPNE

Dziesięciolecia temu, zanim wystąpiło obecne zainteresowanie psychologią i religią Wschodu, Paramahansa Jogananda (1893–1952) rozpoczął dzieło swojego życia, którego istotą było przekazanie Zachodowi ponadczasowej indyjskiej nauki duchowej. W 1920 roku został zaproszony do Stanów Zjednoczonych jako przedstawiciel Indii na międzynarodowy kongres światowych przywódców religijnych w Bostonie. Wykład, który z tej okazji wygłosił, jego pierwsze wystąpienie w Ameryce, niedługo potem został wydany, jako *Naukowy aspekt religii*. Od tamtej pory książka ta została wydana w siedmiu kolejnych językach i jest używana jako podręcznik uniwersytecki.

Naukowy aspekt religii to proste i zwięzłe przedstawienie celu wszystkich prawdziwych religii i czterech głównych ścieżek, które prowadzą do jego osiągnięcia. Jest to uniwersalne przesłanie, opierające się nie na dogmatycznych wierzeniach, ale na bezpośrednim wglądzie w Rzeczywistość, zdobytym poprzez praktykowanie starożytnych naukowych technik medytacji.

—*Self-Realization Fellowship*

NAUKOWY ASPEKT RELIGII

WPROWADZENIE

Celem tej książki jest przedstawienie w zarysie tego, co powinniśmy rozumieć przez religię, aby poznać ją jako powszechnie i pragmatycznie niezbędną. Dąży ona również do przedstawienia tego aspektu idei Boskości, który ma bezpośrednie odniesienie do motywów i działań w każdej minucie naszego życia.

Prawdą jest, że Bóg jest nieskończony w Swojej naturze i aspektach; prawdą jest również i to, że wszelkie próby nakreślenia, przynajmniej rozumowego, wizerunku Boga, dowodzą ograniczeń ludzkiego umysłu w jego usiłowaniach zgłębienia Boga. Prawdą również jest to, że ludzki umysł, na przekór wszelkim swoim brakom, nie może osiągnąć całkowitego zadowolenia z czegoś, co jest skończone. Wykazuje on naturalne dążenie do interpretowania tego, co jest ludzkie i skończone w świetle tego, co jest nadludzkie i nieskończone – a więc tego, co odczuwa, ale czego nie potrafi wyrazić i tego, co jest domniemane, ale w danych okolicznościach nie daje się ujawnić.

Nasza zwyczajna koncepcja Boga mówi, że jest On nadludzki, nieskończony, wszechobecny, wszechwiedzący i temu podobne. Jest wiele wariantów tej ogólnej koncepcji. Niektórzy odnoszą się do Boga jak do osoby, inni widzą Go jako bezosobowego. Kwestią podkreślaną w tej książce jest, że bez względu na to, jaka jest nasza koncepcja Boga to, jeśli nie ma ona wpływu na nasze codzienne zachowanie, jeśli życie codziennie nie czerpie z niej inspiracji i jeśli nie jest ona uniwersalnie niezbędna, wówczas taka koncepcja jest bezużyteczna.

Jeśli nie wyobrażamy sobie Boga w taki sposób, że nie możemy się bez Niego obyć przy zaspokajaniu potrzeb, w naszych kontaktach z ludźmi, zarabianiu pieniędzy, czytaniu książki, zdawaniu egzaminu, przy wykonywaniu najbardziej prozaicznych lub najwyższych obowiązków, wówczas oczywiste jest, że nie odczuwamy żadnego związku pomiędzy Bogiem a życiem.

Bóg może jest nieskończony, wszechobecny, wszechwiedzący, osobowy i miłosierny, ale te koncepcje nie są wystarczająco istotne, aby wyzwolić w nas chęć Jego poznania. Równie dobrze możemy obejść się bez Niego. Możliwe, że jest On nieskończony, wszechobecny i tak dalej, ale my nie mamy bezpośredniego praktycznego pożytku z tych koncepcji w naszym aktywnym i pełnym pośpiechu życiu.

Powracamy do tych koncepcji jedynie wtedy, kiedy staramy się uzasadnić w naszych filozoficznych i poetyckich pismach, w sztuce czy idealistycznych rozmowach, wyrażane pragnienie i tęsknotę za czymś odległym; kiedy z całą naszą tak okrzyczaną wiedzą, nie potrafimy wyjaśnić niektórych najbardziej powszechnych zjawisk wszechświata, albo wtedy, kiedy osiadamy na mieliźnie zmiennych kolei losu tego świata. "Kiedy utkniemy, to modlimy się do Wiecznie-Miłosiernego", jak głosi wschodnia maksyma. W przeciwnym wypadku zdajemy się dobrze sobie radzić w naszym codziennym świecie bez Niego.

Te stereotypowe koncepcje wydają się być zaworami bezpieczeństwa dla naszych tłumionych ludzkich myśli. One Go wyjaśniają, ale nie przyczyniają się to tego, aby Go poszukiwać. Brakuje im siły motywacji. Niekoniecznie *poszukujemy* Boga, kiedy nazywamy Go nieskończonym, wszechobecnym, miłosiernym i wszechwiedzącym. Koncepcje te zaspakajają intelekt, ale nie koją duszy. Jeśli są szanowane i pielęgnowane w naszych sercach, to mogą nas do pewnego stopnia wzbogacić – mogą uczynić nas moralnymi i skłaniającymi się ku Niemu. Nie czynią one jednak Boga naszym własnym – nie są wystarczająco osobiste. Trzymają Go na dystans od codziennych spraw świata.

Koncepcje te mają dla nas posmak obcości, kiedy znajdujemy się na ulicy, w fabryce, za ladą sklepową czy w biurze. Nie dlatego, że rzeczywiście jesteśmy obojętni wobec Boga i religii, ale ponieważ nie mamy o nich właściwego pojęcia – pojęcia, które można by wpleść w materiał codziennego życia. To jak pojmujemy Boga powinno być codzienną, mało tego, cogodzinną dla nas wytyczną. Sama koncepcja Boga powinna agitować nas do poszukiwania Go w naszym codziennym życiu. To jest właśnie to, co rozumiemy poprzez pragmatyczną i nie do odparcia koncepcję Boga. Powinniśmy przenieść religię i Boga ze sfery wiary w sferę życia codziennego.

Jeśli nie będziemy podkreślali konieczności Boga w każdym aspekcie naszego życia oraz potrzeby religii w każdej minucie naszego istnienia, to wówczas Bóg i religia przestaną mieć osobiste znaczenie w naszej codzienności i staną się jedynie cotygodniowym wydarzeniem. W pierwszej części tej książki dokonano próby pokazania, że w celu zrozumienia prawdziwej potrzeby Boga i religii musimy położyć nacisk na tę koncepcję ich obydwu, która najbardziej odpowiada głównemu celowi naszych codziennych i podejmowanych na każdym kroku działań.

Celem tej książki jest również wskazanic na uniwersalność i jedność religii. W różnych epokach pojawiały się różne religie. Występowały gorące kontrowersje, długie wojny, przelano też wiele krwi z ich powodu. Jedna religia występowała przeciwko drugiej, jedna sekta walczyła z drugą. Nie tylko mamy różnorodność religii, ale również szeroką gamę sekt i opinii wewnątrz tej samej religii. I tu nasuwa się pytanie: Jeśli jest jeden Bóg, to dlaczego jest tak wiele religii?

Można uzasadniać to tym, że określone etapy rozwoju intelektualnego oraz specjalne typy mentalności przynależące do pewnych narodów, wynikające z różnic w położeniu geograficznym oraz innych zewnętrznych okoliczności, zadecydowały o pochodzeniu różnych religii, takich jak Hinduizm, Islam i Buddyzm wśród Azjatów, Chrześcijaństwo wśród ludzi Zachodu, i tak dalej. Jeśli przez religie rozumiemy jedynie rytuały, określone doktryny, dogmaty, zwyczaje i konwenanse, to wówczas znajdujemy uzasadnienie dla istnienia tak wielu religii. Ale jeśli religia oznacza *przede wszystkim* świadomość Boga albo urzeczywistnienie Boga, zarówno wewnętrzne, jak i zewnętrzne, a *w drugiej kolejności* zespół wierzeń, doktryn i dogmatów, to wówczas, prawdę mówiąc, jest tylko jedna religia na świecie, ponieważ jest tylko jeden Bóg.

Różne zwyczaje, formy oddawania czci, dogmaty i konwenanse mogą stać się gruntem podatnym do zapoczątkowania różnych wyznań i sekt przynależących do poszczególnych religii. Jeśli w ten sposób rozumie się religię, to wtedy i tylko wtedy jej uniwersalność może być zachowana: nie jest możliwe bowiem, aby zachować uniwersalność poszczególnych zwyczajów i konwenansów. Można jedynie upowszechnić element wspólny dla wszystkich religii; możemy poprosić każdego, żeby się nim kierował i przestrzegał go. Wówczas można by rzeczywiście powiedzieć, że religia jest nie tylko niezbędna, ale również uniwersalna. Każdy może wyznawać tę samą religię, ponieważ jest tylko jedna – uniwersalny element we wszystkich religiach jest jeden i ten sam.

Usiłowałem pokazać w tej książce, że *skoro Bóg jest jeden, niezbędny dla nas wszystkich, zatem religia jest jedna, niezbędna i uniwersalna.* Jedynie drogi do niej mogą się różnić na początku pod pewnymi względami. W rzeczywistości nielogiczne jest powiedzenie, że są dwie religie, kiedy jest tylko jeden Bóg. Mogą być dwie denominacje lub sekty, ale jest tylko jedna religia. To, co teraz nazywamy różnymi religiami powinno być znane jako różne denominacje lub sekty pod jedną uniwersalną religią. A to, co teraz znamy jako różne denominacje lub sekty, powinno być określane jako różne odgałęzienia kultów lub wyznań. Kiedy już poznamy znaczenie słowa „religia", które aktualnie będę omawiał, to naturalnie staniemy się bardzo ostrożni w jego używaniu. Jedynie ograniczony ludzki punkt widzenia nie dostrzega ukrytego uniwersalnego pierwiastka w tak zwanych różnych religiach świata, a to pominięcie stało się przyczyną wielkiego zła.

Książka ta podaje psychologiczną definicję religii, a nie obiektywną definicję opartą na dogmatach lub zasadach. Innymi słowy, dąży ona do uczynienia religii istotą całego naszego wewnętrznego bytu i zachowania, a nie jedynie zbiorem pewnych reguł i nakazów, których należy przestrzegać.

CZĘŚĆ 1

UNIWERSALNOŚĆ, NIEZBĘDNOŚĆ ORAZ JEDNOŚĆ RELIGII

Wspólny cel życia

Po pierwsze musimy wiedzieć czym jest religia; jedynie wówczas będziemy mogli osądzić, czy bycie religijnym jest konieczne dla każdego człowieka.

Bez konieczności nie ma działania. Każde nasze działanie ma swój własny cel, dla którego je wykonujemy. Ludzie na tym świecie działają w różny sposób, aby osiągnąć różne cele; ilość celów determinujących działania ludzi na świecie jest nieograniczona.

Ale czy istnieje jakiś wspólny i uniwersalny cel wszystkich działań wszystkich ludzi na świecie? Czy istnieje jakaś wspólna, najwyższa konieczność dla nas wszystkich, która skłania nas do wszelkich działań? Krótka analiza motywów i celów ludzkich działań na świecie ujawnia, że chociaż istnieje tysiąc i jeden bliższych lub dalszych celów związanych ze szczególnym powołaniem lub wykonywaną profesją, to ostatecznym celem – któremu wszystkie inne cele jedynie służą – jest uniknięcie bólu i biedy oraz dostąpienie permanentnej Szczęśliwości. To czy możemy trwale uniknąć bólu i biedy oraz osiągnąć Szczęśliwość jest osobnym pytaniem, ale faktem jest, że we wszystkich naszych działaniach w sposób oczywisty staramy się unikać bólu i osiągać przyjemność.

Po co człowiek zatrudnia się jako praktykant? Ponieważ pragnie zostać ekspertem w pewnym biznesie. Dlaczego angażuje się w ten konkretny biznes? Ponieważ można tam zarobić pieniądze. Po cóż w ogóle mielibyśmy zarabiać pieniądze? Ponieważ zaspokoją one osobiste i rodzinne potrzeby. Po co mielibyśmy zaspokajać potrzeby? Ponieważ w ten sposób można usunąć ból i osiągnąć szczęście.

W rzeczywistości, szczęście i Szczęśliwość nie są tą samą rzeczą. Wszyscy zdążamy do Szczęśliwości, ale popełniamy wielką gafę wyobrażając sobie, że przyjemność i szczęście są Szczęśliwością. Pokażemy teraz, jak do tego doszło. Tak naprawdę, najwyższym naszym motywem jest Szczęśliwość, którą potrafimy odczuwać wewnętrznie, ale szczęście – lub przyjemność – zajęły jej miejsce wskutek naszego niezrozumienia, a przyjemność zaczęto uważać za najwyższy motyw.

A zatem widzimy, że zaspokojenie jakiejś potrzeby, usunięcie bólu, fizycznego lub psychicznego, od najmniejszego do najostrzejszego oraz osiągnięcie Szczęśliwości, kształtują nasz ostateczny cel. Nie musimy dalej pytać, dlaczego mamy osiągnąć Szczęśliwość, ponieważ nie ma na to odpowiedzi. Taki jest nasz cel ostateczny, bez względu na to co robimy – wchodzimy w biznes, zarabiamy pieniądze, szukamy przyjaciół, piszemy książki, zdobywamy wiedzę, rządzimy królestwami, dajemy miliony na cele charytatywne, zwiedzamy inne kraje, poszukujemy sławy, pomagamy potrzebującym, zostajemy filantropami lub męczennikami. Zostanie pokazane, że poszukiwanie Boga staje się dla nas rzeczywistym faktem kiedy nie spuszczamy na moment z oczu naszego prawdziwego celu. Może miliony kroków przed nami, może mnóstwo pośrednich działań i motywów, ale ostateczny motyw jest zawsze ten sam – osiągnięcie trwałej Szczęśliwości, nawet jeśli miałoby to nastąpić poprzez długi łańcuch działań.

Człowiek zwykle lubi posuwać się łańcuchem, żeby osiągnąć ostateczny cel. Gotowy jest popełnić samobójstwo, aby pozbyć się bólu, albo dokonać morderstwa, aby pozbyć się jakiejś formy biedy lub bólu, lub też wymierzyć okrutny cios w serce w przekonaniu, że w ten sposób osiągnie prawdziwe zaspokojenie albo ulgę, które myli ze Szczęśliwością. Należy jednak zwrócić uwagę na to, że również i w tym przypadku, mamy do czynienia z tym samym działaniem, (chociaż niewłaściwym) zmierzającym do osiągnięcia ostatecznego celu.

Ktoś może powiedzieć, „Nie dbam wcale o przyjemności lub szczęście. Żyję, aby czegoś dokonać, aby osiągnąć sukces". Ktoś inny powie: „Chcę czynić w świecie dobro. Nie dbam o to, czy mnie coś boli czy nie". Ale jeśli zajrzycie do umysłów tych ludzi, to zobaczycie w nich to samo działanie mające na celu szczęście. Czy pierwszy człowiek chce sukcesu, w którego osiągnięciu nie ma przyjemności i szczęścia? A czy drugi chce czynić dobro dla innych, a sam nie osiąga szczęścia w jego czynieniu? Oczywiście, że nie. Mogą oni nie przejmować się tysiącem fizycznych cierpień oraz bólem psychicznym zadawanym im przez innych lub przez przypadkowe sytuacje wynikające z pogoni za sukcesem lub czynienia dobra dla innych; ale ponieważ jednemu sukces przynosi wielką satysfakcję, a drugi intensywnie cieszy się dawaniem szczęścia innym, to ten pierwszy poszukuje sukcesu, a drugi dobra innych, pomimo przypadkowych kłopotów.

Nawet najbardziej altruistyczny motyw oraz najbardziej szczera intencja wspierania ludzkiego dobra, same w sobie, pojawiły się w wyniku podstawowego pragnienia czystego szczęścia osobistego, zbliżenia się do Szczęśliwości. Ale nie jest to szczęście poszukiwacza skoncentrowanego wyłącznie na sobie. Jest to szczęście otwartego poszukiwacza tej „czystej jaźni", która jest w tobie, we mnie i we wszystkich. To szczęście jest Szczęśliwością, chociaż nicco zmąconą.

Mając zatem, czystą Szczęśliwość jako osobisty motyw altruistycznego działania, altruista nie może pozwolić sobie na najmniejszy egoizm, ponieważ nie można mieć samemu czystej Szczęśliwości, jeśli nie jesteśmy wystarczająco wielcy, aby pragnąć i poszukiwać jej również dla innych. Jest to uniwersalne prawo.

Uniwersalna definicja religii

Zatem, jeśli będziemy śledzić coraz dalej wstecz, motywy i działania wszystkich ludzi, to odkryjemy, że ostateczny motyw jest taki sam dla wszystkich – usunięcie bólu i osiągnięcie Szczęśliwości. Cel ten, będący celem uniwersalnym, należy uważać za najbardziej niezbędny. A to, co jest dla człowieka najbardziej uniwersalne i niezbędne, jest oczywiście dla niego religią. A zatem *religia z konieczności polega na trwałym usuwaniu bólu i urzeczywistnianiu Szczęśliwości, czyli Boga*. Natomiast działania, które musimy podjąć w celu trwałego unikania bólu oraz urzeczywistnienia Szczęśliwości, czyli Boga, określa się jako religijne. Jeśli w ten sposób rozumiemy religię, to wówczas jej uniwersalność staje się oczywista. Nikt, bowiem, nie może zaprzeczyć, że chce trwale uniknąć bólu, oraz osiągnąć permanentną Szczęśliwość. Należy to powszechnie uznać, ponieważ nikt nie może zaprzeczyć tej prawdzie. Samo istnienie człowieka jest z tym powiązane.

Wszyscy chcą żyć, ponieważ kochają religię. Nawet, jeśli człowiek popełnił samobójstwo, to uczynił tak, ponieważ również kochał religię; czyniąc to sądził, że osiągnie szczęśliwszy stan, niż ten za życia. W każdym razie myślał, że pozbędzie się bólu, który mu dokucza. W tym przypadku, jego religia jest prymitywna, nie mniej jednak jest to religia. Jego cel jest zupełnie słuszny i taki sam, jaki mają wszystkie inne osoby; ponieważ wszystkie one pragną osiągnąć szczęście lub Szczęśliwość. Sposób jego działania nie jest jednak mądry. Z powodu swojej ignorancji nie wie on, co naprawdę mogłoby przywieść go do Szczęśliwości, celu wszystkich ludzi.

Co to znaczy być religijnym?

A zatem, z jednej strony, każdy człowiek na świecie jest religijny, gdyż stara się pozbyć biedy i bólu oraz zyskać Szczęśliwość. Każdy działa w tym samym celu. Z drugiej jednak strony, tylko niewiele ludzi na świecie jest religijnych, bo tylko nieliczni na świecie, pomimo, że mają ten sam cel jak wszyscy inni, znają najskuteczniejsze środki do trwałego usunięcia wszelkiego bólu lub niedostatku – fizycznego, psychicznego lub duchowego – i osiągnięcia prawdziwej Szczęśliwości.

Prawdziwy wierny nie może utrzymywać sztywnej i ciasnej ortodoksyjnej koncepcji religii, chociaż taka koncepcja jest odlegle powiązana z koncepcją, którą ja przedstawiam. Jeśli przez jakiś czas nie będziecie chodzili do kościoła lub świątyni, albo nie będziecie brali udziału w żadnych rytuałach czy ceremoniach, nawet jeśli przestrzegacie zasad religijnych w waszym życiu codziennym, będąc osobami spokojnymi, wyciszonymi, skupionymi, życzliwymi, wydobywającymi szczęście z większości trudnych sytuacji, to wówczas przeciętni ludzie o zdecydowanie ortodoksyjnym lub ciasnym nastawieniu, pokiwają głowami i oświadczą, że chociaż starasz się być dobry, to z punktu widzenia religii albo w oczach Boga żyjesz w stanie „upadku" skoro ostatnio nie uczęszczasz do miejsc świętych.

Chociaż, oczywiście, nie ma żadnego uzasadnionego wytłumaczenia dla permanentnego niechodzenia do miejsc świętych, to z drugiej strony, nie ma żadnego rozsądnego powodu dla uznawania kogoś za bardziej religijnego, dlatego że uczęszcza do kościoła, jeśli jednocześnie osoba ta zaniedbuje w życiu codziennym zasady, które religia podtrzymuje, to znaczy takie, które ostatecznie prowadzą do osiągnięcia trwałej Szczęśliwości. Religia nie jest powiązana z kościelnymi ławkami ani nie jest związana z ceremoniami tam wykonywanymi. Jeśli wykazujecie nastawienie pełne czci wobec Boga, jeśli prowadzicie życie zawsze mając na uwadze sprowadzanie do siebie niezakłóconej świadomości Szczęśliwości, to będziecie równie religijni poza kościołem, jak i w nim.

Oczywiście nie należy tego rozumieć jako argumentu dla porzucenia kościoła, który zwykle jest w wielu okolicznościach bardzo pomocny. Chodzi o to, że powinniście dawać z siebie tyle samo wysiłku poza godzinami kościelnymi, aby zyskać wieczne szczęście, ile odmawiacie go sobie, kiedy siedząc w kościelnych ławach pasywnie uczestniczycie w kazaniu. Nie znaczy to, że samo słuchanie nie jest dobrą rzeczą, bo na swój sposób z pewnością jest.

Religia „wiąże" nas do praw dobrotliwości

Słowo „religia" pochodzi od łacińskiego *religiare*, wiązać. Co wiąże, kogo wiąże i dlaczego? Pozostawiając z boku ortodoksyjne wyjaśnienie, należy rozumieć, że to „my" jesteśmy związani. Co nas wiąże? Nie są to oczywiście ani łańcuchy czy kajdany. Można powiedzieć, że religia wiąże nas jedynie poprzez reguły, prawa i nakazy. A dlaczego? Czy aby uczynić z nas niewolników? Czy aby odebrać nam dziedziczne prawo wolnego myślenia lub swobodnego działania? To nierozsądne. Tak jak religia musi mieć dostateczny motyw, również i jej motyw „wiązania" nas musi być dobry. Co jest tym motywem? Jedyną racjonalną odpowiedzią, jaką można dać jest ta, że religia wiąże nas poprzez reguły, prawa i nakazy w takim celu, abyśmy nie ulegli degeneracji, żebyśmy nie znaleźli się w nieszczęściu – cielesnym, mentalnym lub duchowym.

Znamy cierpienie cielesne i mentalne. Ale czym jest cierpienie duchowe? Jest nim pozostawanie w niewiedzy Ducha. Jest ono zawsze obecne, chociaż często niezauważalne, w każdym ograniczonym stworzeniu, podczas gdy cierpienie cielesne i mentalne przychodzi i odchodzi. Jaki inny niż powyższy motyw dla słowa „wiążąca" możemy przypisać religii, tak, aby nie był nonsensowny lub odpychający? Oczywiście inne motywy, jeśli istnieją, muszą być drugorzędne w stosunku do podanego.

Czyż podana definicja religii, spójna z wyżej wymienionym aspektem słowa „wiążąca", nie jest fundamentalnym znaczeniem religii? Powiedzieliśmy, że religia częściowo polega na trwałym unikaniu bólu, nieszczęść i cierpienia. Religia jednak nie może polegać wyłącznie na pozbywaniu się czegoś, na przykład bólu, musi ona także polegać na zyskiwaniu czegoś innego. Nie może być wyłącznie negatywna, ale musi być także pozytywna. W jaki sposób możemy trwale uciec od bólu bez trzymania się jego przeciwieństwa – Szczęśliwości? Chociaż Szczęśliwość nie jest dokładnym antonimem bólu, jest to w każdym razie pozytywna świadomość, której możemy się trzymać, aby uciec od bólu. Oczywiście nie możemy wiecznie być zawieszeni w przestrzeni neutralnego uczucia, które nie jest ani bólem ani jego przeciwieństwem. Powtarzam, że religia polega nie tylko na unikaniu bólu i cierpienia, ale także na osiągnięciu

Szczęśliwości, czyli Boga (to, że Szczęśliwość i Bóg są synonimami, zostanie wyjaśnione później).

A zatem, poprzez wgłębienie się w aspekt fundamentalnego znaczenia religii (wiązania) dochodzimy do tej samej definicji religii, jaką osiągnęliśmy dzięki analizie ludzkiego motywu do działania.

Religia to kwestia zasad

Religia jest kwestią zasad. Jeśli naszym zasadniczym motywem jest poszukiwanie Szczęśliwości lub szczęścia, jeśli nie ma ani jednego działania, które wykonujemy, ani żadnego momentu w życiu, które nie byłyby zdeterminowane przez ten ostateczny motyw, to czyż nie powinniśmy uważać tego pragnienia za najgłębiej zakorzenione w ludzkiej naturze? I czymże miałaby być religia, jeśli nie jest ona nierozerwalnie spleciona z najgłębiej zakorzenionym pragnieniem ludzkiej natury? Religia, jeśli ma być czymś, co ma wartość życiową, musi sama wspierać się na instynkcie życiowym lub pragnieniu. Takie jest założenie *a priori* dla koncepcji religii zaprezentowanej w tej książce.

Jeśli ktoś odpowie, że istnieje wiele innych ludzkich instynktów (społecznych, samozachowawczych i tak dalej), oprócz pragnienia szczęścia, i spyta, dlaczego nie mielibyśmy interpretować religii również w świetle tych instynktów, to odpowiedź jest taka, że instynkty te są albo drugorzędne wobec instynktu poszukiwania szczęścia albo są zbyt nierozerwalnie połączone z tym ostatnim, aby znacząco wpłynąć na naszą interpretację religii.

Powróćmy jeszcze raz do poprzedniego argumentu mówiącego, że *to, co jest uniwersalne i najbardziej dla człowieka niezbędne, jest dla niego religią. A* jeśli to, co jest najbardziej niezbędne i uniwersalne nie jest dla niego religią, w takim razie co mogłoby nią być? Bo oczywiście nie to, co jest najbardziej przypadkowe i zmienne. Jeśli próbujemy uczynić pieniądze jedyną rzeczą godną naszej uwagi w życiu, wówczas pieniądze stają się dla nas religią – „dolar jest naszym Bogiem". Dominujący motyw życiowy, czymkolwiek by nie był, jest dla nas religią.

Odsuńmy na bok ortodoksyjne interpretacje, ponieważ zasady działania – nie intelektualne wyznawanie dogmatów lub przestrzeganie rytuałów – rozstrzygną, bez potrzeby naszej osobistej reklamy, jaką mamy religię. Nie potrzebujemy ani teologa ani kapłana, żeby podał nam nazwę naszej sekty lub religii – nasze zasady i działania ‛milionem języków' przekazują ją nam i innym.

Ważne podkreślenia jest, że za tym, co czcimy ze ślepą wyłącznością, kryje się jeden fundamentalny motyw. A mianowicie, jeśli czynimy pieniądze, biznes, zdobywanie luksusów życiowych ostatecznym celem naszego życia, to nadal za naszymi działaniami kryje się głębszy motyw: poszukujemy tych rzeczy w celu usunięcia bólu i osiągnięcia szczęścia. Ów fundamentalny motyw jest prawdziwą religią ludzkości; inne drugorzędne motywy tworzą pseudo-religię. Ponieważ religia nie jest pojmowana w sposób uniwersalny, to zostaje odsunięta na boczne tory albo uważana jest przez wielu ludzi za modną rozrywkę dla kobiet, albo dla starszych i ułomnych.

Uniwersalna religia jest pragmatycznie niezbędna

A zatem widzimy, że Uniwersalna Religia (czyli religia pojmowana w ten uniwersalny sposób) jest praktycznie lub *pragmatycznie* niezbędna. Jej niezbędność nie jest sztuczna lub wymuszona. Chociaż niezbędność ta postrzegana jest sercem, mimo to, niestety, nie zawsze jesteśmy jej w pełni świadomi. Gdyby było inaczej, to ból już dawno zniknąłby z tego świata. Ponieważ człowiek zazwyczaj poszukuje za wszelką cenę tego, co uważa za rzeczywiście niezbędne. Jeśli zarabianie pieniędzy jest uważane przez człowieka za naprawdę konieczne dla utrzymania rodziny, to nie cofnie się on przed niebezpieczeństwem, żeby je zdobyć. Szkoda, że nie uważamy religii za niezbędną w taki sam sposób. Raczej uważamy ją za ornament, dekorację, ale nie składową część ludzkiego życia.

Wielka szkoda także, że chociaż cel każdego człowieka na tym świecie jest z konieczności religijny, w takim stopniu, w jakim stara się on usunąć niedostatek i osiągnąć szczęście, to niestety, z powodu pewnych poważnych błędów, został on niewłaściwie pokierowany i przywiedziony do tego, by uważać prawdziwą religię, której definicję właśnie podaliśmy, za mniej ważną.

Jaka jest tego przyczyna? Dlaczego nie dostrzegamy prawdziwej niezbędności zamiast czegoś ewidentnie nieistotnego? Odpowiedź brzmi: nieprawidłowe działania społeczeństwa i nasze własne przywiązanie do zmysłów.

Towarzystwo, w którym się obracamy decyduje za nas, które rzeczy uważamy za niezbędne. Rozważmy wpływ ludzi i okoliczności. Jeśli chcecie zorientalizować człowieka Zachodu, to umieśćcie go pośród Azjatów albo, jeśli chcecie „zokcydentalizować" Azjatę, osadźcie go pośród Europejczyków – i obserwujcie rezultaty. Jest to oczywiste i nieuniknione. Człowiek Zachodu polubi zwyczaje, nawyki, ubiory, sposób życia i myślenia oraz wschodnią manierę widzenia rzeczy, a człowiek ze Wschodu polubi te, które należą do Zachodu. Ich standard prawdy wydaje się ulegać zmianie.

Paramahansa Jogananda z kilkoma delegatami na Międzynarodowym Kongresie Liberałów Religijnych, październik 1920 r.,
Boston, Massachusetts. Śri Jogananda przemawiał do szacownego
zgromadzenia na temat „Naukowy aspekt religii".

Unity House, miejsce Międzynarodowego Kongresu
Liberałów Religijnych.

Paramahansa Jogananda przemawia w Denver, Kolorado, wrzesień 1924 r.

Z jedną rzeczą jednak, z którą większość ludzi się zgodzi, a mianowicie tym, że ich ziemskie życie, wraz z jego troskami i przyjemnościami, wzlotami i upadkami, warte jest przeżycia. O niezbędności Uniwersalnej Religii przypomni nam jednak niewielu albo nawet nikt, a więc nie całkiem zdajemy sobie z niej sprawę.

Truizmem jest to, że człowiek rzadko spogląda poza środowisko, w którym został umieszczony. Cokolwiek jest częścią jego środowiska uznaje to, kieruje się tym, naśladuje, wzoruje się na tym i uważa za standard myślenia i zachowania. Tego, co znajduje się poza jego własną sferą nie dostrzega albo umniejsza jego znaczenie. Na przykład prawnik będzie wychwalał prawo i będzie czujny na wszystko, co dotyczy tej dziedziny; inne rzeczy z reguły będą miały dla niego mniejsze znaczenie.

Pragmatyczna lub praktyczna niezbędność Uniwersalnej Religii jest często rozumiana, jako jedynie teoretyczna konieczność, a religia jest uważana za obiekt intelektualnej uwagi. Jeśli poznajemy religijny ideał jedynie poprzez nasz intelekt to sądzimy, że osiągnęliśmy ten ideał, i że nie wymaga się od nas, abyśmy zgodnie z nim żyli czy go urzeczywistniali.

Jest wielkim błędem z naszej strony mylić pragmatyczną niezbędność z teoretyczną koniecznością. Wielu, może po niewielkiej refleksji, przyzna, że Uniwersalną Religią jest z pewnością permanentne unikanie bólu oraz świadome urzeczywistnienie Szczęśliwości, ale niewielu rozumie znaczenie i praktyczną niezbędność, jaką ta religia niesie ze sobą.

CZĘŚĆ 2

BÓL, PRZYJEMNOŚĆ I SZCZĘŚLIWOŚĆ: RÓŻNICE MIĘDZY NIMI

Ostateczna przyczyna bólu i cierpienia.

Konieczne jest teraz, abyśmy zgłębili ostateczną przyczynę bólu i cierpienia, psychicznego i fizycznego, których unikanie jest jedną z fundamentalnych zasad Uniwersalnej Religii.

Przede wszystkim należy podkreślić, opierając się na naszym powszechnym uniwersalnym doświadczeniu, że posiadamy zawsze świadomość samych siebie jako aktywnej mocy realizującej wszystkie nasze psychiczne i fizyczne działania. Rzeczywiście, wykonujemy wiele różnych funkcji – postrzegamy, myślimy, odczuwamy, działamy i tak dalej. Mimo to, u podłoża tych funkcji możemy dostrzec, że istnieje „ego", czyli „jaźń", która nimi rządzi i która uważa się za pozostającą taką samą na przestrzeni całej swojej przeszłej i obecnej egzystencji.

Biblia mówi: „Czy nie wiecie, że jesteście świątynią Boga i że zamieszkuje w was Duch Boży?"[1]. Wszyscy z nas, jako jednostki, jesteśmy wieloma odzwierciedlonymi duchowymi Jaźniami pełnego szczęśliwości uniwersalnego Ducha – Boga. Tak jak słońce wydaje się mieć wiele wizerunków, kiedy odbija się ono w licznych naczyniach napełnionych

---

[1] I Kor. 3:16

wodą, tak i ludzkość pozornie podzielona na wiele dusz, zajmujących te cielesne i mentalne wehikuły, jest w ten sposób na pozór oddzielona od jednego uniwersalnego Ducha. W rzeczywistości Bóg i człowiek są jednością, a separacja jest jedynie pozorna.

A zatem, będąc błogosławionymi i odzwierciedlonymi duchowymi Jaźniami, czemu w takim razie jesteśmy całkowicie nieświadomi naszego stanu szczęśliwości, i zamiast tego podlegamy fizycznemu i psychicznemu bólowi i cierpieniu? Odpowiedź jest taka, że duchowa Jaźń ściągnęła na siebie ów stan obecny (bez względu na to, jak do tego doszło) wskutek utożsamienia siebie z nietrwałym cielesnym wehikułem oraz niespokojnym umysłem. Duchowa Jaźń, utożsamiona w taki sposób, odczuwa odpowiednio przykrość albo radość z powodu niezdrowego i nieprzyjemnego, albo zdrowego i przyjemnego stanu ciała i umysłu. Z powodu tego utożsamienia, duchowa Jaźń nieustannie boryka się ze swoimi przejściowymi stanami.

Weźmy pod uwagę tylko figuratywne znaczenie utożsamiania się: matka, która głęboko utożsamia się ze swoim jedynym dzieckiem cierpi i odczuwa intensywny ból nawet kiedy usłyszy o przypuszczalnej lub prawdziwej śmierci swojego dziecka, podczas gdy może nie odczuwać takiego bólu, jeśli usłyszy o śmierci dziecka sąsiadki, z którym się nie utożsamia. Teraz możemy wyobrazić sobie świadomość, kiedy utożsamienie jest rzeczywiste, a nie figuratywne. A zatem, *poczucie utożsamienia z doczesnym ciałem i niespokojnym umysłem jest źródłem, czyli podstawową przyczyną nieszczęść naszej duchowej Jaźni.*

Rozumiejąc, że utożsamienie duchowej Jaźni z ciałem i umysłem jest pierwotną przyczyną bólu, powinniśmy teraz zwrócić się ku psychologicznej analizie bezpośrednich lub pośrednich przyczyn bólu, oraz do rozróżnienia pomiędzy bólem, przyjemnością i Szczęśliwością.

Bezpośrednie przyczyny bólu

Z powodu tego utożsamienia, duchowa Jaźń wydaje się mieć pewne skłonności – psychiczne i fizyczne. Pragnienie zaspokojenia tych skłonności stwarza potrzeby, a potrzeby wywołują ból. Skłonności lub inklinacje są z kolei albo naturalne, albo nabyte; naturalne skłonności wywołują naturalne potrzeby, a nabyte skłonności wywołują nabyte potrzeby.

Z czasem, za sprawą siły nawyku, nabyte potrzeby stają się naturalnymi. Jakiego by nie była rodzaju, potrzeba ta wywołuje ból. Im więcej mamy potrzeb, tym więcej jest możliwości wystąpienia bólu; ponieważ im więcej mamy potrzeb, tym trudniej jest je zaspokoić, a im dłużej potrzeba pozostaje niezaspokojona, tym większy jest ból. Zwiększcie pragnienia i potrzeby, a ból również się zwiększy. A zatem, jeśli pragnienie nie ma perspektywy natychmiastowego spełnienia, lub napotyka na przeszkody, natychmiast występuje ból.

Czym zatem jest pragnienie? Jest ono niczym innym, niż nowym stanem „pobudzenia" umysłu, w który sam się on wprowadza – kaprys umysłu wytworzony poprzez towarzystwo. A zatem, *pragnienie lub wzrost stanów pobudzenia umysłu, jest źródłem bólu lub nieszczęścia,* jak również błędem, jaki popełniamy, poszukując sposobów zaspokojenia pragnień, które najpierw stwarzamy i zwiększamy, a następnie staramy się je zaspokoić za pomocą przedmiotów, zamiast zmniejszać je od samego początku.

Mogłoby się wydawać, że ból jest czasami wywoływany bez uprzedniej obecności pragnienia – na przykład ból z powodu rany. Ale powinniśmy zauważyć, że pragnienie pozostawania w stanie zdrowia, które świadomie lub podświadomie jest obecne w naszym umyśle, i które wykrystalizowało się w naszym fizjologicznym organizmie, zostaje zanegowane w powyższym przypadku obecnością stanu chorobowego, konkretnie obecnością rany. Zatem, kiedy pewien stan pobudzenia umysłu w formie pragnienia nie jest zaspokojony lub usunięty, powoduje to ból.

Tak jak pragnienie prowadzi do bólu, tak również prowadzi ono do przyjemności; jedyna różnica jest taka, że w pierwszym przypadku potrzeba związana z pragnieniem nie jest zaspokojona, podczas gdy w drugim przypadku potrzeba związana z pragnieniem wydaje się być zaspokojona poprzez obecność przedmiotów zewnętrznych.

Jednak to przyjemne doświadczenie, wynikające z zaspokojenia potrzeby poprzez przedmioty, nie utrzymuje się, ale obumiera, a my zatrzymujemy jedynie pamięć o przedmiotach, które zdawały się eliminować ową potrzebę. Dlatego też, przywoływane z pamięci pragnienie tych przedmiotów odżywa w przyszłości i pojawia się wtedy poczucie braku, które, jeśli nie zostanie zaspokojone, ponownie wywołuje ból.

Przyjemność jest podwójną świadomością

Przyjemność jest podwójną świadomością – stworzoną ze „świadomości pobudzenia" z posiadania pożądanej rzeczy, i ze świadomości tego, że tęsknota za pożądaną rzeczą nie jest już odczuwalna. Jest w tym zarówno element uczucia, jak i myśli. Ta ostatnia „świadomość kontrastu", to znaczy kompletna świadomość (to jak odczuwałem ból, kiedy nie posiadałem pożądanego obiektu, i to jak teraz nie odczuwam bólu, ponieważ zdobyłem rzecz, której pragnąłem) jest tym, co głównie stanowi o uroku przyjemności.

A zatem widzimy, że świadomość potrzeby poprzedza – a świadomość zaspokojenia potrzeby wkracza w – świadomość przyjemności. Zatem to potrzeba i zaspokojenie potrzeby jest tym, co składa się na świadomość przyjemności. To umysł stwarza potrzebę i ją zaspokaja.

Jest wielkim błędem uważać jakikolwiek przedmiot za przyjemny sam w sobie i przechowywać go w pamięci w nadziei zaspokojenia jakiejś potrzeby przez jego rzeczywistą obecność w przyszłości. Gdyby przedmioty były same w sobie przyjemne, to wówczas to samo ubranie czy jedzenie zawsze zadowalałoby każdego, kiedy naprawdę, tak się nie dzieje.

To, co nazywamy *przyjemnością*, jest wytworem umysłu – *jest to zwodnicza świadomość pobudzenia, zależna od zaspokojenia uprzedniego stanu pragnienia oraz od obecnej świadomości kontrastu*. Im bardziej dany przedmiot wydaje się pobudzać świadomość przyjemności, i im dłużej pragnienie jego zamieszkuje w umyśle, tym większa szansa tęsknoty za tym przedmiotem, którego obecność wydaje się przynosić świadomość przyjemności, a nieobecność - poczucie potrzeby. Obydwa te stany świadomości ostatecznie prowadzą do bólu.

Zatem, jeśli rzeczywiście chcemy zmniejszyć ból, to musimy na ile tylko to możliwe, stopniowo uwalniać umysł od wszystkich pragnień oraz poczucia potrzeby. Jeśli pragnienie konkretnej rzeczy, przypuszczalnie mającej usunąć potrzebę, zostanie odpędzone, to zwodnicze pobudzenie świadomości przyjemności nie pojawi się, nawet jeśli w jakiś sposób dana rzecz znajdzie się w naszej obecności.

Zamiast jednak zmniejszać lub obniżać poczucie potrzeby, siłą przyzwyczajenia zwiększamy je i stwarzamy nowe rozliczne potrzeby, próbując zaspokoić nimi tę jedną, w wyniku czego powstaje pragnienie zaspokojenia ich wszystkich. Dla przykładu, aby uniknąć potrzeby posiadania pieniędzy, rozpoczynamy biznes. Aby prowadzić biznes, musimy zwracać uwagę na tysiące potrzeb i wymogów, które pociąga to za sobą. Każda potrzeba i wymóg z kolei, pociąga za sobą inne potrzeby i wymaga coraz większej uwagi, i tak dalej.

A zatem widzimy, że pierwotny ból związany z potrzebą pieniędzy, jest pomnożony tysiąckroć wskutek wyłonienia się innych potrzeb i wymogów. Oczywiście nie znaczy to, że prowadzenie biznesu czy zarabianie pieniędzy jest czymś złym albo niepotrzebnym. Złem jest tylko pragnienie stwarzania coraz większych i większych potrzeb.

Mylenie środków z celami

Jeśli podejmując się zarabiania pieniędzy w jakimś celu, czynimy pieniądze naszym celem, wtedy rozpoczyna się nasze szaleństwo. Ponieważ środki stają się celem, a prawdziwy cel znika z pola widzenia. Ponownie daje to początek naszej niedoli. W tym świecie każdy ma do wykonania jakieś obowiązki. Rozważmy więc, dla wygody, poprzedni przypadek.

Głowa rodziny musi zarobić pieniądze, żeby utrzymać swoją rodzinę. Rozpoczyna pewien biznes i angażuje się w jego prowadzenie po to, by osiągnąć sukces. Co jednak zdarza się często po pewnym czasie? Biznes rozwija się z powodzeniem i być może pieniądze gromadzą się stale, aż w końcu jest ich znacznie więcej, niż to konieczne dla zaspokojenia potrzeb własnych oraz rodziny.

Zaistnieć mogą dwie sytuacje. Albo zarabiamy pieniądze dla nich samych i odczuwamy wtedy szczególną przyjemność spowodowaną ich gromadzeniem, albo może też się zdarzyć, że utrzymuje się lub nawet rozwija coraz bardziej hobby prowadzenia biznesu dla samej sztuki. Widzimy, że w obu przypadkach środki, które miały za cel stłumienie początkowych potrzeb – stały się celem samym w sobie: pieniądze albo biznes stały się celem.

Może zdarzyć się również, że pojawią się nowe i zbędne potrzeby i czynimy wysiłki, żeby zaspokoić je „rzeczami". Jak by nie było, cała nasza uwaga oddala się od Szczęśliwości, którą z natury, mylimy z przyjemnością, a ta staje się naszym celem. Wówczas cel, dla którego pozornie rozpoczęliśmy biznes, staje się drugorzędny w stosunku do celu stwarzania lub pomnażania warunków lub środków. Natomiast u podstaw tworzenia lub pomnażania warunków lub środków leży ich pragnienie, przybierające postać pobudzenia czy emocji, jak również mentalny obraz przeszłości, w której warunki te wywołały przyjemność.

Naturalnie, pragnienie poszukuje zaspokojenia i prowadzi do następujących sytuacji: kiedy zostaje ono zaspokojone doznajemy przyjemności; a gdy nie zostaje zaspokojone, pojawia się ból. A ponieważ, jak zauważyliśmy uprzednio, przyjemność rodzi się z pragnienia i jest związana z nietrwałymi rzeczami, to prowadzi ona do pobudzenia i bólu, kiedy te rzeczy znikają. W ten to właśnie sposób rozpoczyna się nasza niedola.

Mówiąc skrótowo: od pierwotnego celu biznesu, jakim było usunięcie fizycznych potrzeb, przechodzimy do środków – albo do samego biznes, albo do gromadzenia bogactwa z niego pochodzącego – lub czasem do stwarzania nowych potrzeb; a ponieważ znajdujemy w tym przyjemność, zostajemy owładnięci bólem, który, jak to wskazaliśmy, jest zawsze pośrednim rezultatem przyjemności.

To, co jest prawdą, w przypadku zarabiania pieniędzy, jest również prawdą w przypadku każdej innej działalności na świecie. Kiedykolwiek zapominamy o naszym prawdziwym celu — osiągnięciu Szczęśliwości lub stanu, warunku czy trybu życia, ostatecznie do niej prowadzących — i kierujemy naszą wyłączną uwagę ku rzeczom, które błędnie uważamy za środki albo warunki Szczęśliwości, i zamieniamy je w cele - wówczas nasze potrzeby, pragnienia i podniety nieustannie rosną, a my wkraczamy na ścieżkę niedoli albo bólu.

Nigdy nie powinniśmy zapominać o naszym celu. Powinniśmy zbudować barierę wokół naszych potrzeb. Nie powinniśmy bez przerwy ich pomnażać, bo to w końcu przyniesie nieszczęście. Nie mówię jednak, że nie powinniśmy zaspokajać niezbędnych potrzeb wynikających z naszej relacji z całym światem, albo że mamy stać się próżniaczymi marzycielami lub idealistami, ignorującymi nasz własny, istotny udział w promowaniu ludzkiego postępu.

Podsumowując: ból jest wynikiem pragnienia, a w sposób pośredni wynika również z przyjemności, która jest mrzonką, błędnym ognikiem wabiącym ludzi na grzęzawisko potrzeb, czyniąc ich wiecznie nieszczęśliwymi.

A zatem widzimy, że pragnienie jest podstawą wszelkiego nieszczęścia, które wynika z poczucia utożsamienia Jaźni z umysłem i ciałem. Zatem to, co powinniśmy uczynić, to wyeliminować *przywiązanie, pozbywając się poczucia utożsamienia.* Trzeba jedynie przerwać więzy przywiązania i utożsamienia. Tak jak nam to wyznaczył Wielki Reżyser-Sceny, powinniśmy odgrywać nasze role na scenie świata całym naszym umysłem, intelektem i ciałem, ale pozostawać tak samo wewnętrznie nieporuszeni lub nietknięci przez przyjemność i świadomość bólu, jak aktorzy na zwyczajnej scenie.

Świadomość Szczęśliwości pojawia się po zerwaniu utożsamienia z ciałem

Kiedy stajemy się beznamiętni i zrywamy z utożsamieniem, to pojawia się w nas świadomość Szczęśliwości. Dopóki jesteście ludźmi nic nie możecie poradzić na to, że macie pragnienia. Jak zatem, będąc ludźmi możecie urzeczywistnić swoją boskość? Po pierwsze miejcie rozsądne pragnienia, a następnie stymulujcie swoje pragnienie w kierunku rzeczy szlachetnych, przez cały czas starając się osiągnąć świadomość Szczęśliwości. Odczujecie, że sznur waszego indywidualnego przywiązania do różnych pragnień zostaje automatycznie przerwany.

Można powiedzieć, że od spokojnego ośrodka Szczęśliwości nauczycie się jak *wyrzekać się* swoich drobnych pragnień i odczuwać jedynie te, które zdają się być rozniecane w was przez wielkie prawo. Tak bowiem rzekł Jezus Chrystus: „Wszakże nie moja wola, lecz Twoja niech się stanie"[2].

Kiedy mówię, że osiągnięcie Szczęśliwości jest uniwersalnym celem religii, to pod pojęciem Szczęśliwości nie mam na myśli tego, co zwykle nazywane jest przyjemnością ani tej intelektualnej satysfakcji, która pojawia się przy zaspokojeniu pragnienia i potrzeby, i która zmieszana jest z pobudzeniem, tak jak wtedy, kiedy mówimy, że jesteśmy przyjemnie podnieceni. W Szczęśliwości nie ma podniecenia, jak również nie jest ona świadomością kontrastu: „Mój ból lub potrzeba zostały usunięte dzięki obecności takich to a takich przedmiotów". Jest to świadomość doskonałego spokoju – świadomość naszej wyciszonej natury, nieskażonej natarczywą świadomością tego, że nie ma już bólu.

---

[2] Łukasz. 22:42

Może posłużmy się przykładem, by uczynić to jaśniejszym. Jestem ranny, odczuwam ból, a kiedy rana się goi, odczuwam przyjemność. Ta świadomość przyjemności polega na pobudzeniu, czyli uczuciu i stałej świadomości myśli, że nie odczuwam nadal bólu spowodowanego raną.

Ale człowiek, który osiągnął Szczęśliwość, nawet gdyby doznał fizycznego zranienia, będzie odczuwał po swym uleczeniu, że jego stan spokoju nie został wcale zakłócony, kiedy rana istniała, ani też nie został odzyskany, kiedy rana się zagoiła. Czuje on, że przemierza wszechświat bólu-przyjemności, z którym sam w rzeczywistości nie ma żadnego związku, i który nie może ani zakłócić ani podnieść na wyższy poziom stanu spokoju, czyli stanu szczęśliwości przepływającego przez niego nieprzerwanie.

Ów stan Szczęśliwości jest wolny zarówno od skłonności, jak i podniecenia związanego z przyjemnością i bólem.

Istnieje pozytywny i negatywny aspekt w świadomości Szczęśliwości. Negatywny aspekt to brak świadomości przyjemności-bólu; pozytywny aspekt jest transcendentalnym stanem najwyższego spokoju, zawierającym w sobie świadomość wielkiej ekspansji oraz świadomość „wszystkiego w Jednym i Jednego we wszystkim". Istnieją jej różne stopnie. Zapalony poszukiwacz prawdy poznaje odrobinę jej smaku; jasnowidz lub prorok są nią napełnieni.

Jeśli przyjemność i ból mają swój początek w pragnieniu i potrzebie, to powinno to być naszym obowiązkiem, – jeśli pragniemy osiągnąć Szczęśliwość – żeby pozbyć się wszelkich pragnień z wyjątkiem pragnienia Szczęśliwości, naszej prawdziwej natury. Jeśli wszystkie nasze ulepszenia – naukowe, społeczne i polityczne – kierowałyby się tym jednym wspólnym uniwersalnym celem (usunięciem bólu), to dlaczego mielibyśmy wprowadzać coś obcego (przyjemność) i zapominać o trwałym ustanowieniu się w czymś, co jest spokojem lub Szczęśliwością?

Nieuchronnie, ten kto cieszy się przyjemnością bycia zdrowym, z czasem odczuje ból związany z chorobą, ponieważ przyjemność uzależniona jest od stanu umysłu, a mianowicie od wyobrażenia zdrowia. Nie jest niczym złym mieć dobre zdrowie, nie ma nic niewłaściwego w jego poszukiwaniu. Ale mieć do niego przywiązanie, podporządkować mu się wewnętrznie – temu należy przeciwdziałać. Ponieważ bycie takim oznacza podsycanie pragnienia, które doprowadzi do niedoli.

Musimy poszukiwać zdrowia nie dla przyjemności jego posiadania, ale dlatego, że umożliwia nam ono wykonywanie naszych obowiązków i osiągnięcie naszego celu. Pewnego dnia zostanie ono podważone przez stan przeciwny, chorobę. Szczęśliwość jednak nie jest zależna od żadnego szczególnego stanu zewnętrznego lub wewnętrznego. *Jest ona wrodzonym stanem Ducha.* Tym samym, nie obawia się ona podważenia przez jakikolwiek inny stan. Będzie ona płynęła nieustannie przez wieczność, czy to w porażce czy w sukcesie, w zdrowiu czy w chorobie, w bogactwie czy w ubóstwie.

CZĘŚĆ 3

BÓG JAKO SZCZĘŚLIWOŚĆ

Wspólny motyw dla wszystkich działań

Poprzednia psychologiczna dyskusja na temat bólu, przyjemności i Szczęśliwości poparta poniższymi dwoma przykładami, wyjaśni moją koncepcję najwyższej, wspólnej dla wszystkich potrzeby oraz Boskości, które nota bene, zostały nadmienione na wstępie.

Wspomniałem na początku, że gdybyśmy bacznie przyjrzeli się działaniom ludzi, to powinniśmy zobaczyć, że jedynym fundamentalnym i uniwersalnym motywem, dla którego człowiek działa, jest uniknięcie bólu i w konsekwencji osiągnięcie Szczęśliwości, czyli Boga. Pierwsza część motywu, uniknięcie bólu, jest czymś, czemu nie możemy zaprzeczyć, jeśli zaobserwujemy motywy wszystkich dobrych i złych działań dokonywanych na świecie.

Weźmy przypadek kogoś, kto pragnie popełnić samobójstwo, oraz prawdziwie religijnego człowieka, który jest obojętny wobec rzeczy tego świata. Nie ma wątpliwości, że obydwie te osoby usiłują pozbyć się bólu, który je trapi; obie próbują położyć trwale kres bólowi. Czy uda im się to, czy nie, jest osobną kwestią, ale co do ich motywów, występuje tu jedność.

Czy wszystkie jednak działania na tym świecie są *bezpośrednio* wywołane pragnieniem osiągnięcia trwałej Szczęśliwości, czyli Boga, drugiej części wspólnego motywu wszelkich działań? Czy bezpośrednim motywem złoczyńcy jest osiągnięcie Szczęśliwości? Raczej nie. Powód tego został omówiony podczas dyskusji o przyjemności i Szczęśliwości. Odkryliśmy, że w związku z utożsamieniem się duchowej Jaźni z ciałem, popadła ona w nawyk dogadzania swoim pragnieniom, co w konsekwencji wytworzyło potrzeby. Pragnienia te i potrzeby prowadzą do bólu, jeśli nie zostaną zaspokojone, a do przyjemności, jeśli zostaną zaspokojone, za pośrednictwem obiektów.

Tu jednak pojawia się fatalny błąd ze strony człowieka. Kiedy niedosyt zostaje zaspokojony, człowiek wpada w przyjemne pobudzenie i wskutek niefortunnego błędu, koncentruje swój wzrok wyłącznie na obiektach, które wywołują to pobudzenie, zakładając, że to one są główną przyczyną jego przyjemności. Całkowicie zapomina on, że pobudzenie takie występowało uprzednio w jego umyśle w formie pragnienia lub potrzeby, i że później pojawiło się w nim inne pobudzenie, które zastąpiło to pierwsze, pod postacią przyjemności, jaką pojawianie się obiektów zdaje się wywoływać. A zatem, tak naprawdę, jedno pobudzenie pojawiło się w umyśle i zostało zastąpione przez inne, w tym samym umyśle.

Obiekty zewnętrzne są jedynie okolicznościami – nie są one przyczynami. Łaknienie przysmaków przez biedaka może zostać zaspokojone zwyczajnymi słodyczami, i to zaspokojenie sprawi mu przyjemność. Ale pragnienie przysmaków w przypadku bogacza może zostać zaspokojone jedynie przez najlepsze ciastka, i zaspokojenie to również przyniesie tę samą dozę przyjemności. A zatem, czy przyjemność zależy od obiektów zewnętrznych, czy od stanu umysłu? Z pewnością od tego drugiego.

Ale tak jak powiedzieliśmy, przyjemność jest pobudzeniem. Zatem nigdy nie jest słusznym pozbywanie się jednego pobudzenia obecnego w pragnieniu za pomocą innego pobudzenia, a konkretnie tego, jakie odczuwamy doznając przyjemności. Ponieważ tak jednak czynimy, to nasze pobudzenia nigdy nie mają końca, więc i nasze nieszczęścia i ból nigdy nie ustają.

Jedynie świadomość Szczęśliwości może skutecznie uspokoić pobudzenie

To, co należy zrobić to *uspokoić* pobudzenie, które wypływa z pragnienia, oraz nie rozniecać ani nie kontynuować go poprzez pobudzenie uzyskane z przyjemności. Uspokojenie to można skutecznie osiągnąć jedynie poprzez świadomość Szczęśliwości, która nie jest bezdusznością, ale wyższym stanem obojętności zarówno na ból, jak i na przyjemność. Każda istota ludzka dąży do osiągnięcia Szczęśliwości poprzez zaspokojenie pragnienia, ale błędnie zatrzymuje się na przyjemnościach, tak więc jej pragnienia nigdy się nie kończą, i wpada ona w wir bolesnych doznań.

Przyjemność jest niebezpieczną mrzonką, a mimo to, owo przyjemne skojarzenie staje się naszym motywem do przyszłych działań. Okazuje się to równie zwodnicze, co miraż na pustyni. Skoro przyjemność, jak stwierdziliśmy wcześniej, składa się ze świadomości pobudzenia plus świadomości kontrastu, według której nie ma już więcej bólu, to, kiedy zmierzamy ku niej, zamiast do Szczęśliwości, wtedy wpadamy bezwiednie w cykl pozbawionej sensu egzystencji, która przynosi ciągle po sobie następujące przyjemności i ból. Z powodu zmiany naszej perspektywy widzenia ze Szczęśliwości na przyjemność, popadamy w straszliwe opresje.

Zatem widzimy, że pomimo tego, iż prawdziwym celem

ludzkości jest uniknięcie bólu i osiągnięcie Szczęśliwości, człowiek popełnia fatalny błąd, kiedy próbując uniknąć bólu, goni za czymś zwodniczym, co nazywa przyjemnością i bierze ją mylnie za Szczęśliwość.

To, że osiągnięcie Szczęśliwości, a nie przyjemności jest uniwersalną i najwyższą koniecznością potwierdza pośrednio fakt, że człowiek nigdy nie jest zadowolony z jednego obiektu przyjemności. Przeskakuje on zawsze z jednego obiektu na drugi: z pieniędzy na stroje, ze strojów na nieruchomości, a z nich na przyjemności małżeńskie – jest w tym niespokojna ciągłość. A zatem, ciągle go coś boli, chociaż pragnie unikać bólu poprzez stosowanie środków, które uważa za właściwe. Mimo to, nieznane i niezaspokojone pragnienie zawsze wydaje się tkwić w jego sercu.

Ale człowiek religijny (drugi przykład, który zaproponowałem) zawsze pragnie stosować odpowiednie praktyki religijne, które pozwolą mu wejść w kontakt ze Szczęśliwością, czyli z Bogiem.

Oczywiście, kiedy mówię, że Bóg jest Szczęśliwością, to mam na myśli i to, że jest On wiecznie istniejący i to, że jest On również *świadomy* swojego pełnego szczęśliwości istnienia. A kiedy pragniemy Wiecznej Szczęśliwości, czyli Boga, to oznacza to, że wraz ze Szczęśliwością pragniemy również wiecznego, nieśmiertelnego, niezmiennego, wiecznie świadomego istnienia. To, że każdy z nas, od najmniejszego do największego, pragnie trwać w Szczęśliwości, zostało dowiedzione *a priori,* jak również poprzez analizę motywów i działań ludzi.

Aby powtórzyć tę myśl w nieco inny sposób, przypuśćmy, że jakaś wyższa istota miałaby przyjść do nas i powiedzieć wszystkim ludziom na ziemi: „Wy, stworzenia świata! Dam wam wieczne udręki i nieszczęścia wraz z wiecznym istnieniem; czy chcecie tego?" Czy komukolwiek podobałaby się taka perspektywa? Nikomu. Wszyscy chcą wiecznej Szczęśliwości (*Ananda*) wraz z wiekuistym istnieniem (*Sat*). Tak naprawdę, to rozważanie nad motywami świata również wskazuje na to, że nie ma nikogo, kto nie chciałby mieć Szczęśliwości.

Podobnie, nikomu nie podoba się perspektywa unicestwienia; jeśli jest to sugerowane, to dostajemy dreszczy na samą myśl. Wszyscy pragną istnieć wiecznie (*Sat*). Ale gdyby nam dano wieczne istnienie bez *świadomości* tego istnienia, to odrzucilibyśmy to. Kto bowiem zgodziłby się na egzystencję we śnie? Nikt. Wszyscy chcemy świadomego istnienia.

W sumie, chcemy wiecznego, pełnego szczęśliwości, świadomego istnienia: *Sat-Czit-Ananada* (Istnienie-Świadomość-Szczęśliwość). Jest to hinduskie imię dla Boga. Ze względów praktycznych jednak, podkreślamy jedynie aspekt pełnej szczęśliwości Boga i nasz motyw ku Szczęśliwości, pomijając aspekty *Sat i Czit*, czyli *świadomego istnienia* (nie zajmujemy się tutaj także innymi Jego aspektami).

Czym jest Bóg?

A zatem, czym jest Bóg? Jeśli Bóg jest czymś innym niż Szczęśliwością, a kontakt z Nim nie wywołuje w nas Szczęśliwości albo wywołuje jedynie ból, lub też, jeśli kontakt z Nim nie powoduje ustąpienia bólu, to czy powinniśmy Go pragnąć? Nie. Jeśli Bóg jest dla nas czymś bezużytecznym, to my Go nie chcemy. Jaki pożytek z Boga, który zawsze pozostaje obcym i którego obecność nie objawia się nam *wewnętrznie,* chociażby w niektórych okolicznościach życiowych?

Bez względu na to, jaką koncepcję Boga ukształtujemy za pomocą wysiłku umysłowego (taką jak: „Jest On transcendentalny" albo: „Jest On immanentny"), to będzie ona zawsze niejasna i niewyraźna, jeśli nie będzie ona rzeczywiście odczuwana jako taka. Tak naprawdę, to trzymamy Boga na bezpieczną odległość, pojmując Go czasami jako zwykłą osobową istotę, następnie znów myślimy o Nim *teoretycznie*, jako o istniejącym w nas.

To z powodu tej niejasności naszych idei oraz doświadczeń dotyczących Boga, nie potrafimy uchwycić prawdziwej Jego konieczności, ani pragmatycznej wartości religii. Ta bezbarwna teoria lub idea nie przekonuje nas. Nie zmienia ona naszego życia, nie wpływa na nasze zachowanie w znaczący sposób ani nie zachęca nas do wysiłków poznania Boga.

Dowód na istnienie Boga kryje się wewnątrz nas samych

Co Uniwersalna Religia mówi o Bogu? Mówi ona, że dowód na istnienie Boga kryje się w nas samych. Jest to doświadczenie wewnętrzne. Możecie z pewnością przypomnieć sobie przynajmniej jeden moment w życiu, kiedy podczas modlitwy lub oddawania czci, odczuliście, że jarzmo waszego ciała nieomalże zniknęło, że dwoistość doświadczenia – przyjemności i bólu, miłości i nienawiści i tak dalej – odpłynęła z waszych umysłów. Czysta Szczęśliwość i wyciszenie napłynęły do waszych serc, a wy cieszyliście się niezmąconym spokojem – Szczęśliwością i zadowoleniem.

Chociaż taki rodzaj wyższych przeżyć nieczęsto zdarza się doświadczyć wszystkim, mimo to, nie ma wątpliwości, że wszyscy ludzie, w takim czy innym momencie, podczas modlitwy, oddawania czci czy też medytacji, cieszyli się paroma chwilami niezmąconego spokoju.

Czyż nie jest to dowód na istnienie Boga? Jakiż bezpośredni dowód na istnienie i naturę Boga, można dać, oprócz istnienia w nas Szczęśliwości podczas szczerej modlitwy czy składania czci? Istnieje jednak kosmologiczny dowód istnienia Boga – od skutku dochodzimy do przyczyny; od świata do Stwórcy-Świata. Istnieje również dowód teologiczny – od *telosu* (planu, adaptacji) na świecie wznosimy się ku Najwyższej Inteligencji, która stwarza plan i adaptację. Istnieje także dowód moralny – od sumienia i poczucia doskonałości, wznosimy się ku Istocie Doskonałej, wobec której winni jesteśmy odpowiedzialność.

Mimo to, powinniśmy przyznać, że powyższe dowody są mniej lub bardziej produktami wnioskowania. Nie możemy posiąść pełnej czy bezpośredniej wiedzy o Bogu poprzez ograniczone zdolności intelektu. Intelekt pozwala jedynie na częściowe i pośrednie widzenie rzeczy. Intelektualne postrzeganie rzeczy to nie widzenie jej poprzez bycie z nią w jedności: to widzenie rzeczy poprzez bycie z nią oddzielnie. Ale intuicja, którą później wyjaśnimy, jest bezpośrednim uchwyceniem prawdy. To właśnie poprzez tę intuicję świadomość Szczęśliwości, czyli świadomość Boga, zostaje urzeczywistniona.

Nie ma cienia wątpliwości, że świadomość Szczęśliwości i świadomość Boga są absolutnie tożsame, ponieważ kiedy posiadamy świadomość Szczęśliwości, to czujemy, że nasza własna wąska tożsamość uległa transformacji, że wznieśliśmy się ponad dualizm drobnych miłości, nienawiści, przyjemności i bólu i osiągnęliśmy poziom, z którego charakter zwyczajnej świadomości staje się żałosny i bezwartościowy, w sposób nader oczywisty.

Odczuwamy również wewnętrzną ekspansję oraz obejmujące wszystko współczucie dla wszystkiego. Wrzawa świata zamiera, znika podniecenie, budzi się w nas świadomość „wszystkiego w Jednym i Jednego we wszystkim". Pojawiają się wspaniałe wizje światła. Wszelkie niedoskonałości, wszelkie niedociągnięcia toną w nicości. Wydaje się, że zostaliśmy przeniesieni w inny region, do źródła wiecznej Szczęśliwości, punktu początkowego jednej niekończącej się ciągłości. Czyż zatem świadomość Szczęśliwości nie jest tym samym co świadomość Boga, w której pojawiają się powyższe stany urzeczywistnienia?

Jest zatem oczywiste, że nie można pojmować Boga lepiej, niż jako Szczęśliwość, jeśli usiłujemy sprowadzić go w zasięg doświadczenia spokoju każdego z nas. Bóg nie będzie wówczas już dłużej przypuszczeniem, nad którym się teoretyzuje. Czyż nie jest to bardziej szlachetna koncepcja Boga? Jest On postrzegany jako manifestujący Siebie w naszych sercach, w formie Szczęśliwości, podczas medytacji – w modlitewnym lub pełnym uwielbienia nastroju.

Religia staje się uniwersalnie niezbędną jedynie wówczas, gdy Bóg pojmowany jest jako Szczęśliwość

Jeśli będziemy pojmować Boga w ten sposób, jako Szczęśliwość, wtedy i jedynie wtedy będziemy mogli uczynić religię uniwersalnie niezbędną. Bo nikt nie zaprzeczy, że pragnie osiągnąć Szczęśliwość, a jeśli pragnie ją osiągnąć we właściwy sposób, to stanie się religijny poprzez odczuwanie i zbliżenie się do Boga, który opisywany jest jako bardzo bliski jego sercu – jako Szczęśliwość.

Ta świadomość Szczęśliwości, czyli świadomość Boga, jest w stanie przenikać wszelkie nasze działania i nastroje, gdy jej na to pozwolimy. Jeśli uda nam się to zrozumieć, to będziemy w stanie osądzić względną wartość religijną każdego ludzkiego działania lub motywu na tej ziemi.

Jeśli raz już przekonamy się, że osiągnięcie świadomości Szczęśliwości jest naszą religią, naszym celem, naszym ostatecznym końcem, wówczas znikną wszelkie wątpliwości co do znaczenia różnorodnych nauk, nakazów czy zakazów różnych wyznań świata. Wszystko będzie interpretowane w świetle etapu rozwoju, dla którego zostało ono przepisane.

Prawda zalśni wszem i wobec, tajemnica istnienia zostanie rozwiązana, a światło zostanie rzucone na detale naszego życia, wraz z jego różnorodnymi działaniami i motywami. Będziemy w stanie oddzielić nagą prawdę od zewnętrznych akcesoriów religijnych doktryn i ujrzeć bezwartościowość konwencji, które jakże często wprowadzają ludzi w błąd i wywołują między nimi różnice.

Ponadto, jeśli religia jest rozumiana w taki sposób, to nie znajdzie się na tym świecie osoba – czy to chłopiec, młodzieniec, czy osoba starsza, – która nie będzie mogła jej praktykować, bez względu na to, jaki zawód w życiu wykonuje, czy byłaby studentem, robotnikiem, prawnikiem, lekarzem, stolarzem, naukowcem, czy filantropem. Jeśli usunięcie poczucia potrzeb i osiągnięcie Szczęśliwości jest religią, to kto nie będzie starał się być religijnym i nie będzie dążył, aby być takim w większym stopniu, jeśli wskaże mu się właściwe metody?

W świetle powyższego nie mamy wątpliwości co do różnorodności religii – tych pochodzących od Chrystusa, Mahometa czy Śri Kryszny. Każdy na świecie, koniec końców stara się być religijny i może dążyć, aby stać się w tym bardziej doskonałym poprzez zastosowanie właściwych środków. Nie ma tutaj rozróżnienia na kasty czy wyznania, sekty lub denominacje, ubiór czy położenie geograficzne, wiek albo płeć, zajmowane stanowisko czy zawód. Bo religia ta jest uniwersalna.

Gdybyście powiedzieli, że wszyscy ludzie na świecie powinni uznać Śri Krysznę jako swojego zbawiciela, to czy wszyscy chrześcijanie albo muzułmanie zaakceptowaliby to? Albo gdybyście kazali wszystkim przyjąć Mahometa jako ich proroka, to czy chrześcijanie albo hindusi zgodziliby się na to?

Ale gdybyście powiedzieli: „O moi chrześcijańscy, muzułmańscy i hinduscy bracia, waszym Panem Bogiem jest wiecznie Szczęśliwe Świadome Istnienie (Istota)", to czy nie zaakceptują tego? Czy mogą to w ogóle odrzucić? Czy nie będą domagać się Jego, jako jedynego, który położy kres wszystkim ich nieszczęściom?

Nie można także uciec od tego wniosku mówiąc, że chrześcijanie, hindusi i mahometanie odpowiednio nie pojmują Jezusa, Kryszny i Mahometa jako swojego Pana Boga – są oni jedynie uważani za chorążych Boga, za ludzkie wcielenia boskości. Co zatem, jeśli ktoś myśli w ten sposób? Fizyczne ciało Jezusa, Kryszny czy Mahometa nie jest naszym głównym punktem zainteresowania, ani też historyczne miejsca, które zajmują te postacie.

Nie są oni też dla nas pamiętni jedynie ze względu na ich odmienny i interesujący sposób nauczania prawdy. *Czcimy ich, ponieważ znali i odczuwali Boga.* To właśnie ten fakt interesuje nas w ich historycznym życiu oraz w ich różnorakich sposobach wyrażania prawdy.

Czyż wszyscy oni nie urzeczywistnili Boga jako

Szczęśliwości i nie ujawnili prawdziwego stanu błogosławieństwa jako autentycznej religijności? Czyż nie jest to wystarczająca więź jedności pomiędzy nimi – pomijając inne aspekty Boskości i prawdy, jakie być może urzeczywistnili i wyrazili? Czyż chrześcijanie, hindusi, mahometanie nie powinni zainteresować się nawzajem swoimi prorokami, skoro wszyscy oni osiągnęli świadomość Bożą? Tak jak Bóg jednoczy wszystkie religie, tak też urzeczywistnienie Jego jako Szczęśliwość jednoczy świadomość proroków wszystkich religii.[1]

Nasze aspiracje duchowe znajdują spełnienie w w Bogu, czyli w świadomości Szczęśliwości

Nie powinniśmy sądzić, że taka koncepcja Boga jest zbyt abstrakcyjna i nie ma nic wspólnego z naszymi duchowymi nadziejami i aspiracjami, które domagają się koncepcji Boga jako osoby. Nie jest to koncepcja bezosobowa, tak jak to się powszechnie rozumie, ani też osobowa w dosłownym znaczeniu.

Bóg nie jest osobą, w takim zawężonym sensie, w jakim my jesteśmy osobami. W naszej istocie, świadomości, uczuciu, woli znajduje się jedynie cień podobieństwa do Jego Istoty (Istnienia), Świadomości i Szczęśliwości. Jest On osobą w sensie transcendentalnym. Nasza istota, świadomość i uczucia są ograniczone i empiryczne – Jego,

---

[1] Na świadomość Szczęśliwości kładziony jest nacisk również w tak zwanej ateistycznej religii, jaką jest buddyzm. Buddyjska *Nirwana* nie jest jak błędnie przyjęli niektórzy zachodni pisarze „zdmuchnięciem światła" i wygaśnięciem istnienia. Jest to raczej etap, w którym wymazana zostaje wąska indywidualność i osiągany jest transcendentalny spokój w uniwersalności. Dokładnie to samo osiągamy w wyższej świadomości Szczęśliwości, z tym tylko, że imię Boga jest tu pominięte przez buddystów.

nieograniczone i transcendentalne. Posiada on bezoso-
bowy i absolutny aspekt, ale nie powinniśmy myśleć, że jest
On poza zasięgiem naszego doświadczenia – nawet tego
wewnętrznego.

Przychodzi on do wnętrza cichego doświadczenia każdego z nas. To w świadomości Szczęśliwości urzeczywist-
niamy Jego. Nie może być innego bezpośredniego dowodu
na Jego istnienie. To w Nim, jako Szczęśliwości, znajdują
spełnienie nasze duchowe nadzieje i aspiracje, w Nim od-
najdują obiekt nasze oddanie i miłość.

Nie jest konieczna koncepcja osobowej istoty, która
jest niczym innym jak nami samymi w powiększeniu. Bóg
może być albo stać się czymkolwiek – osobowym, bezoso-
bowym, miłosiernym, wszechmocnym, i tak dalej. Ale nie
wymaga się od nas, byśmy na to zwracali uwagę. Jakąkolwiek koncepcję byśmy nie wysunęli to służy ona naszym
celom, naszym nadziejom, naszym aspiracjom i naszej
doskonałości.

Nie powinniśmy także sądzić, że taka koncepcja Boga
uczyni z nas idealistycznych marzycieli i zwolni nas od naszych obowiązków i odpowiedzialności, radości i smutków
świata praktycznego. Jeśli Bóg jest Szczęśliwością i jeśli my
poszukujemy Szczęśliwości, żeby Go poznać, to nie możemy zaniedbywać obowiązków i odpowiedzialności w tym
świecie. W wykonywaniu ich nadal możemy odczuwać
Szczęśliwość, ponieważ jest ona poza nimi, a zatem nie
mają one na nią wpływu. My wykraczamy poza radości
i smutki świata w Szczęśliwości, ale nie wykraczamy poza
konieczność wykonywania naszych prawowitych obowiązków w świecie.

Samo urzeczywistniony człowiek wie, że Bóg jest Wy-
konawcą, a wszelka moc wykonywania czynności wpływa

w nas od Niego. Ten, kto jest skoncentrowany na swojej duchowej Jaźni odczuwa samego siebie jako bezstronnego obserwatora wszelkich działań – czy widzi, słyszy, odczuwa, wącha, smakuje, czy też doznaje innych doświadczeń na ziemi. Zatopieni w Szczęśliwości, ludzie ci spędzają swoje żywoty w zgodzie z wolą Bożą.

Gdy kultywowany jest zwyczaj nieprzywiązywania się, to znika ciasny egoizm. Czujemy, że odgrywamy przypisane nam role na scenie tego świata, ale nie jesteśmy dotknięci wewnętrznie ani przez dobrobyt lub biedę, ani przez miłość lub nienawiść, które są elementami naszej roli.

Wielki spektakl życia

Zaprawdę, pod każdym względem świat można porównać do sceny. Reżyser wybiera ludzi, aby pomogli mu w odegraniu pewnego przedstawienia. Przyznaje on określone role poszczególnym osobom; wszystkie one działają według jego wskazówek. Jednego reżyser czyni królem, jednego ministrem, innego sługą, kolejnego bohaterem, i tak dalej. Jedna osoba musi grać smutną rolę, a druga radosną.

Jeśli każdy odgrywa swoją rolę zgodnie ze wskazówkami reżysera, to wówczas przedstawienie z całą swoją różnorodnością scen komicznych, poważnych i smutnych osiąga sukces. Nawet mało znaczące role mają swoje niezastąpione miejsce w przedstawieniu.

Sukces przedstawienia kryje się w doskonałym odegraniu każdej roli. Każdy aktor odgrywa swoją rolę smutku lub przyjemności realistycznie i wedle wszelkich zewnętrznych pozorów wydaje się być nią dotknięty; ale wewnętrznie pozostaje on nietknięty przez nią ani przez namiętności, które przedstawia – miłość, nienawiść, pragnienie, złośliwość, dumę, pokorę.

Jeśli jednak podczas odgrywania roli aktor utożsamił samego siebie z pewną sytuacją albo szczególnym uczuciem wyrażanym w przedstawieniu i utracił swoją własną tożsamość, to będą myśleli o nim, że jest on co najmniej głupcem. Pewna historyjka przedstawi to wyraźnie.

Pewnego razu w domu bogatego człowieka wystawiono sztukę *Ramajana*[2]. Podczas przedstawienia okazało się, że brakuje mężczyzny, który miał odgrywać rolę Hanumana (małpy), sługi-przyjaciela Ramy[3]. W swojej konsternacji reżyser pochwycił brzydkiego półgłówka, o imieniu Nilkamal i próbował sprawić, żeby odegrał on rolę Hanumana.

Z początku Nilkamal odmówił, ale został zmuszony do pojawienia się na scenie. Jego brzydki wygląd wzbudził głośny śmiech pośród widzów, którzy zaczęli krzyczeć z rozbawieniem, „Hanuman, Hanuman!"

Nilkamal nie mógł tego dłużej znieść i odkrzykiwał ze złością; „Dlaczego nazywacie mnie Hanumanem? Dlaczego się śmiejecie? Nie jestem Hanumanem. Reżyser kazał mi wyjść tutaj w tej roli".

W tym skomplikowanym świecie nasze życie jest jedynie przedstawieniem. Ale niestety, utożsamiamy się z tym spektaklem i dlatego odczuwamy obrzydzenie, smutek i przyjemność. Zapominamy o wskazówkach i nakazach Wielkiego Reżysera. W akcie przeżywania naszego życia – odgrywania naszych ról – odczuwamy jako rzeczywiste wszystkie nasze smutki i przyjemności, miłości i nienawiści

---

[2]   Przedstawienie oparte na starożytnej sanskryckiej epopei pod tym samym tytułem (przypis wydawcy)

[3]   Główna święta postać Ramajany (przypis wydawcy)

– jednym słowem stajemy się przywiązani, dotknięci.

To przedstawienie świata nie ma ani początku ani końca. Każdy powinien chętnie odgrywać swoją rolę, jaką mu przypisał Wielki Reżyser; powinien grać dla samej gry; powinien grać smutek odgrywając smutne role, albo zadowolenie, kiedy gra role przyjemne, ale nigdy nie powinien wewnętrznie utożsamiać się z przedstawieniem.

Nie powinno się także pragnąc odgrywania ról kogoś innego. Gdyby wszyscy na świecie odgrywali rolę króla, to samo przedstawienie straciłoby sens i nie byłoby ciekawe.

Ten, kto osiągnął świadomość Szczęśliwości będzie *odczuwał*, że świat jest sceną i będzie odgrywał swoją rolę najlepiej jak potrafi, pamiętając o Wielkim Reżyserze, Bogu, znając i rozumiejąc Jego plan i wskazówki.

CZĘŚĆ 4

CZTERY PODSTAWOWE RELIGIJNE METODY

Konieczność religijnych metod

W częściach 1, 2 i 3 pokazaliśmy, że utożsamienie się duchowej Jaźni z ciałem i umysłem jest podstawową przyczyną naszego bólu i cierpienia oraz ograniczeń; a także, że z powodu tego utożsamienia odczuwamy takie pobudzenia jak ból i przyjemność i jesteśmy prawie ślepi na stan Szczęśliwości, czyli świadomość Bożą. Dowiedzieliśmy się również, że w swojej istocie religia polega na trwałym unikaniu takiego bólu oraz na osiągnięciu całkowitej Szczęśliwości, czyli Boga.

Tak jak prawdziwego wizerunku słońca nie można ujrzeć na powierzchni poruszającej się wody, tak i prawdziwa szczęśliwa natura duchowej Jaźni – odzwierciedlenie Uniwersalnego Ducha – nie może zostać zrozumiana, ze względu na fale niepokoju, które powstają na skutek utożsamienia się jaźni ze zmiennymi stanami ciała i umysłu. Tak jak poruszająca się powierzchnia wody zniekształca prawdziwy wizerunek słońca, podobnie wskutek utożsamienia zakłócony stan umysłu zniekształca prawdziwą, wiecznie-szczęśliwą naturę wewnętrznej Jaźni.

Celem tego rozdziału jest omówienie najłatwiejszych, najbardziej racjonalnych i najbardziej podstawowych metod – praktycznych dla wszystkich, – które uwolnią wiecznie-szczęśliwą duchową Jaźń od jej zgubnego związku i utożsamienia z doczesnym ciałem i umysłem, i które sprawią, że uniknie ona na stałe bólu i osiągnie Szczęśliwość, jaką jest religia.

Zatem, podstawowe metody, które rozważymy są religijne i składają się z religijnych działań, ponieważ jedynie przy ich użyciu duchowa Jaźń może zostać uwolniona od utożsamienia z ciałem i umysłem, a zatem i od bólu, i może być w stanie osiągnąć trwałą Szczęśliwość, czyli Boga.

„Syn Boży" i „Syn Człowieczy"

Kiedy Chrystus nazwał siebie „Synem Bożym" to miał na myśli zamieszkującego w nim Uniwersalnego Ducha. W Ewangelii Jana 10:36 Jezus mówi: „O tym, którego Ojciec poświęcił i posłał na świat… powiedziałem: «Jestem Synem Bożym»".

Ale w innych przypadkach, kiedy Chrystus użył innej frazy – „Syn człowieczy" – miał on na myśli ciało fizyczne, potomstwo człowiecze, ciało, które narodziło się z innego ludzkiego ciała. Na przykład u Mateusza 20:18-19 Jezus mówi do uczniów: „Oto idziemy do Jerozolimy, a Syn Człowieczy będzie wydany arcykapłanom … i wydadzą Go poganom… aby został ukrzyżowany".

U Jana 3:5-6 Chrystus mówi: „Jeśli się ktoś nie narodzi z wody (oceanicznej wibracji *Aum* czyli *Amen*, Ducha Świętego, Niewidzialnej Siły, która podtrzymuje wszelkie stworzenie; Boga w Jego immanentnym aspekcie Stwórcy) i z Ducha, nie może wejść do królestwa Bożego. To, co się narodziło z ciała, ciałem jest, a to, co się narodziło z Ducha, duchem jest". Słowa te oznaczają, że jeśli nie *wykroczymy* poza ciało i nie urzeczywistnimy siebie, jako Ducha, to nie będziemy mogli wejść do królestwa, czyli stanu Uniwersalnego Ducha.

Myśl ta przebrzmiewa w sanskryckim kuplecie hindu-skich pism świętych: „Jeśli będziesz umiał wykroczyć poza ciało i postrzegać siebie jako Ducha, to będziesz wiekuiście szczęśliwy, wolny od bólu".

Istnieją *cztery* podstawowe uniwersalne religijne me-tody, które, jeśli będziemy się nimi kierować w życiu co-dziennym, z czasem wyzwolą duchową Jaźń z jarzma jej cielesnych i mentalnych wehikułów. Do tych czterech klas religijnych metod zaliczam wszelkie możliwe praktyki re-ligijne, jakie kiedykolwiek były zalecane przez wszystkich świętych, erudytów, lub proroków Bożych.

Pochodzenie sekciarstwa

Praktyki religijne są wpajane przez proroków w formie doktryn. Ludzie o ograniczonym intelekcie, którzy nie po-trafią interpretować prawdziwego znaczenia tych doktryn, przyjmują ich egzoteryczne, czyli zewnętrzne znaczenie i stopniowo popadają w formy, konwenanse oraz sztywne praktyki. Takie jest pochodzenie sekciarstwa.

Odpoczynek w dniu szabatu został źle zinterpretowany, jako odpoczynek od wszelkiej pracy – nawet pracy religij-nej. Jest to niebezpieczeństwo dla ludzi z ograniczoną zdol-nością rozumienia. Powinniśmy pamiętać, że nie zostaliśmy stworzeni dla szabatu, ale że szabat został ustanowiony dla nas; nie zostaliśmy stworzeni dla zasad, zasady są ustano-wione dla nas – zmieniają się one wraz z nami. Powinniśmy trzymać się istoty zasady, a nie dogmatycznie jej formy.

Zmiana form i zwyczajów dla wielu jest powodem do zmiany jednej religii na drugą. Pomimo to, podstawowe zna-czenie wszystkich doktryn głoszonych przez różnych proroków jest w istocie jednakowe. Większość ludzi tego nie rozumie.

Podobne niebezpieczeństwo występuje w przypadku wielkich intelektualistów: próbują oni poznać Najwyższą Prawdę wyłącznie poprzez intelekt; ale Najwyższą Prawdę można poznać jedynie poprzez urzeczywistnienie. Urzeczywistnienie to coś innego niż zwykłe zrozumienie. Nie byłoby możliwe pojąć intelektualnie słodkości cukru, gdybyśmy go nie posmakowali. Podobnie, wiedzę religijną zdobywamy z najgłębszego doświadczenia naszej własnej duszy. Często o tym zapominamy, kiedy dążymy do wiedzy o Bogu, o religijnych dogmatach i moralności. Rzadko dążymy do ich poznania poprzez wewnętrzne religijne doświadczenie.

Szkoda, że ludzie o wielkich zdolnościach intelektualnych, którzy z sukcesem za pomocą rozumu odkrywają głębokie prawdy w naukach przyrodniczych oraz na innych polach wiedzy, sądzą, że będą w stanie intelektualnie uchwycić również najwyższe prawdy religijne i moralne. Szkoda również, że intelekt lub rozum tych ludzi, zamiast być pomocą, często okazuje się przeszkodą w zrozumieniu przez nich Najwyższej Prawdy w jedyny możliwy sposób – poprzez przeżywanie jej własnym życiem.

Rozważmy zatem cztery metody charakteryzujące rozwój religijny.

CZTERY PODSTAWOWE RELIGIJNE METODY

1. Metoda intelektualna

Metoda intelektualna jest powszechnie stosowaną metodą naturalną, która nie prowadzi do szybkich rezultatów.

Intelektualny rozwój i postęp jest naturalny, a zatem powszechny wśród istot myślących. To nasze samoświadome zrozumienie odróżnia nas od zwierząt, które są świadome, ale nie samoświadome.

Na szczeblach i w procesach ewolucji dostrzegamy, że świadomość ta stopniowo staje się samoświadomością – samoświadomość bierze początek ze świadomości zwierzęcej. Świadomość stopniowo próbuje się wyzwolić i stara się sama siebie poznać; w ten sposób zmienia się w samoświadomość. Zmiana ta jest wynikiem ewolucyjnej konieczności, a uniwersalny pociąg do zajęć intelektualnych wynika z tej ewolucyjnej tendencji. Duchowa Jaźń, utożsamiona z różnymi stopniami i rodzajami cielesnych i mentalnych stanów, stopniowo i naturalnie stara się powrócić do samej siebie poprzez samą siebie.

Rozwój świadomego procesu myślowego jest jedną z metod, które duchowa Jaźń przyjmuje, żeby wznieść się ponad jarzmo ciała i umysłu. Wysiłek duchowej Jaźni, aby powrócić do samej siebie – swojego utraconego stanu – poprzez rozwój procesu myślowego jest naturalny. Jest to proces świata.

Uniwersalny Duch wyraża siebie na różnych szczeblach rozwoju, od niskich do wyższych. W kamieniu i ziemi nie ma życia czy świadomości, w naszym zrozumieniu. W drzewach widzimy rozwój wegetatywny, przejaw życia, nadal jednak brak jest swobody życia, jak również świadomych procesów myślowych. W zwierzętach obecne jest życie, jak również świadomość życia. W człowieku – punkcie kulminacyjnym – jest życie, świadomość życia jak również świadomość siebie (samoświadomość).

A zatem, jest to naturalne dla człowieka, że rozwija się on poprzez myślenie i rozumowanie, głębokie studiowanie książek, oryginalne badania naukowe oraz poprzez pracowite zgłębianie przyczyn i skutków w świecie natury.

Im głębiej człowiek angażuje się w procesy myślowe, tym bardziej można o nim powiedzieć, że stosuje „metodę", dzięki której stał się tym, kim jest w wyniku procesu światowej ewolucji (to znaczy, metodę, dzięki której świadomość przekształca się w samoświadomość) i tym bardziej świadomie lub nieświadomie zbliża się ku Jaźni – *bo w myślach wznosimy się ponad ciało.*

Rozważne kierowanie się tą metodą przyniesie niezawodne rezultaty. Ćwiczenie myślowe podczas nauki, w celu zdobycia wiedzy w konkretnej dziedzinie, mimo iż do pewnego stopnia poprawia samoświadomość, nie jest tak skuteczne jak ten proces myślowy, którego wyłącznym celem jest wzniesienie się ponad ciało i ujrzenie prawdy.

W Indiach metoda intelektualna w swojej najwyższej formie nazywana jest *Jnana Yoga* (czyt. Dżnana joga) – osiągnięcie prawdziwej mądrości poprzez przypominanie i rozróżnianie, tak jak na przykład nieustanne przypominanie sobie: „Nie jestem ciałem. Przemijający spektakl stworzenia nie może wpłynąć na moją Jaźń. Jestem Duchem".

Jednym z defektów tej metody jest to, że jest to *bardzo powolny* proces dla duchowej Jaźni, żeby w ten sposób się urzeczywistniła. Może on zająć dość dużo czasu. Podczas gdy dzięki tej metodzie duchowa Jaźń zaczyna pojmować samoświadomość, to nadal jest ona wciąż zaangażowana w serie przepływających przez umysł myśli, z którymi nie ma związku.

Spokój Ducha jest czymś wykraczającym poza myślenie i doznania cielesne, choć przepełnia on je wtedy, kiedy zostanie już raz osiągnięty.

2. Metoda dewocyjna

Metoda ta polega na próbie skoncentrowania naszej uwagi na raczej jednym obiekcie myśli, niż na różnych ciągach myśli i na różnych przedmiotach (tak jak w metodzie intelektualnej).

W metodzie dewocyjnej zawierają się wszystkie formy oddawania czci, takie jak modlitwa (z której powinno się wyeliminować wszelkie myśli na temat spraw ziemskich). Duchowa Jaźń powinna skupić swoją uwagę głęboko i z namaszczeniem na tym, co wybiera jako przedmiot koncentracji – czy jest to myśl o spersonifikowanym Bogu, czy o bezosobowej Wszechobecności. Chodzi przede wszystkim o to, żeby wierny *żarliwie* skoncentrował się na dewocyjnej myśli.

Poprzez ten proces duchowa Jaźń stopniowo uwalnia się od wielu przeszkadzających myśli - drugiej serii zakłóceń – i zyskuje czas i szansę, żeby pomyśleć o sobie, w samej sobie. Kiedy żarliwie się modlimy, to zapominamy o wszystkich cielesnych doznaniach i pozbywamy się wszelkich przeszkadzających nam myśli, które próbują zaabsorbować naszą uwagę.

Im głębsza jest nasza modlitwa, tym bardziej intensywna jest satysfakcja, którą odczuwamy i to staje się kryterium, którym mierzymy jak bardzo zbliżyliśmy się do Szczęśliwości-Boga. Kiedy cielesne doznania są już poza nami, a rozproszone myśli są pod kontrolą, to wyższość tej metody nad poprzednią metodą staje się ewidentna.

Jednakowoż, metoda ta ma pewne defekty i trudności. W związku z długotrwałym przywiązaniem i zniewoleniem duchowej Jaźni poprzez ciało fizyczne – tym głęboko zakorzenionym nawykiem – bezskutecznie usiłuje ona odwrócić swoją uwagę od sfery doznań cielesnych i mentalnych.

Jakkolwiek mocno pragnęlibyśmy się modlić lub anga-
żować całym sercem w jakąś formę wyrażania czci, to nasza
uwaga jest bezlitośnie atakowana przez napastnicze doznania cielesne oraz przelotne myśli przynoszone przez pamięć.
W modlitwie często jesteśmy całkowicie pochłonięci rozwa-
żaniem okoliczności jej sprzyjających albo jesteśmy za bardzo gorliwi w usuwaniu jakichkolwiek przeszkadzających
nam cielesnych niewygód.

Na przekór wszystkim naszym świadomym wysiłkom,
nasz zły nawyk, który stał się naszą drugą naturą, panuje nad
pragnieniami Jaźni. Na przekór naszemu pragnieniu, umysł
staje się niespokojny, i żeby to sparafrazować, to „gdziekolwiek będzie twój umysł, tam będzie i twoje serce". Przykazano
nam modlić się do Boga całym naszym sercem. Zamiast tego
zazwyczaj modlimy się podczas, gdy nasze umysły i serca
zakłócają zbłąkane myśli i wrażenia zmysłowe.

3. Metoda medytacyjna

Ta oraz następna metoda są czysto naukowe, zawiera-
jące kurs praktycznych ćwiczeń, i zalecane są przez wielkich
mędrców, którzy osobiście urzeczywistnili prawdę w swoim
życiu. Ja osobiście uczyłem się u jednego z nich.

Nie ma nic tajemniczego w tych metodach ani nic szko-
dliwego, czego należałoby się obawiać; są one łatwe, jeśli
właściwie się z nimi zapoznamy. Przekonamy się, że są one
uniwersalnie prawdziwe. Praktycznie doświadczona wiedza
jest najlepszym dowodem ich słuszności i pragmatycznej
użyteczności.

Poprzez regularne ćwiczenie medytacji, dotąd aż wej-
dzie ona w nawyk, będziemy mogli sprowadzić na siebie
stan „świadomego snu". Generalnie doświadczamy tego

przyjemnego spokojnego stanu w momencie, kiedy zapadamy w głęboki sen i stan nieświadomości, lub kiedy się z niego budzimy i wkraczamy w stan świadomości.

W stanie świadomego snu stajemy się wolni od wszelkich myśli i zewnętrznych doznań cielesnych, a Jaźń ma szansę pomyśleć o sobie – od czasu do czasu wchodzi ona w stan szczęśliwości, w zależności od głębokości i częstotliwości praktyki medytacyjnej.

W tym stanie chwilowo zapominamy o ciele i jesteśmy wolni od wszelkich zakłóceń cielesnych i mentalnych, które odwracają uwagę Jaźni. Dzięki procesowi medytacji zewnętrzne, czyli zmysłowe organy są kontrolowane poprzez wyciszenie nerwów układu centralnego, podobnie jak podczas snu.

Ten stan medytacji jest pierwszym, ale nie ostatnim stanem prawdziwej medytacji. W świadomym śnie uczymy się kontrolować jedynie zewnętrzne organy zmysłów; jedyna różnica polega na tym, że podczas zwykłego snu organy zmysłów kontrolowane są automatycznie, a podczas medytacji organy zmysłów kontrolowane są świadomie.

Jednakże, na tym wczesnym etapie medytacji duchowa Jaźń jest nadal podatna na zakłócenia przez organy autonomiczne i wewnętrzne, takie jak płuca, serce i inne części ciała, o których błędnie sądzimy, że pozostają poza naszą kontrolą. [1]

Musimy poszukać lepszej niż ta metody; bo dopóki duchowa Jaźń nie może swobodnie odciąć wszelkich doznań cielesnych – nawet tych wewnętrznych, które stwarzają

---

[1] Rzadko się uczymy, tak jak wielcy święci i erudyci się nauczyli, w jaki sposób dawać odpoczynek wewnętrznym organom. Ponieważ uważamy, że znajdują się one poza naszą kontrolą, to stają się one przemęczone i nagle przestają pracować, co określamy terminem „śmierć" albo „wielki sen".

okazje do wzbudzania myśli – ale pozostaje wrażliwa na te zakłócenia, to nie może mieć ani nadziei na to, by kontrolować czas, ani szansy na poznanie samej siebie.

4. Metoda naukowa, czyli joga

Św. Paweł powiedział: „*każdego dnia umieram*"[2]. Oznacza to, że znał on proces kontrolowania organów wewnętrznych i potrafił świadomie uwalniać swoją duchową Jaźń od ciała i umysłu – doświadczenie, którego zwykli niewyszkoleni ludzie doświadczają jedynie w godzinie śmierci, kiedy duchowa Jaźń zostaje uwolniona od zużytego ciała.

Zatem dzięki praktycznym i regularnym szkoleniom, w tej naukowej metodzie[3], można odczuwać Jaźń jako istniejącą oddzielnie od ciała, *bez ostatecznej śmierci*.

Przedstawię jedynie ogólną ideę procesu oraz prawdziwą naukową teorię, na której on się opiera. Opisuję ją tutaj z mojego własnego doświadczenia. Niech wolno mi będzie powiedzieć, że okaże się ona uniwersalnie prawdziwa. Mogę również spokojnie powiedzieć, że Szczęśliwość, która jak wykazałem, jest naszym ostatecznym celem, odczuwana jest w intensywnym stopniu podczas praktykowania tej metody. Praktykowanie jej samo w sobie przynosi intensywną radość, dużo większą, ośmielę się dodać, niż ta, której dostarczył nam kiedykolwiek jakikolwiek z naszych zmysłów lub nasz umysł.

Nie pragnę nikomu udowadniać tej prawdy w żaden

---

[2] I Kor 15:31.

[3] Naukowa metoda, o której mowa jest tutaj i w całej książce, to *krija-joga*, starożytna duchowa nauka, która zawiera pewne jogiczne techniki medytacji nauczane przez Paramahansę Joganandę w *Lekcjach Self-Realization Fellowship* (przypis wydawcy).

inny sposób niż poprzez jego własne doświadczenie. Im więcej ją praktykujemy z cierpliwością i regularnością, tym intensywniej i trwalej czujemy się utwierdzeni w Szczęśliwości.

Ze względu na utrzymywanie się złych nawyków, świadomość posiadania ciała – wraz ze wszystkimi wspomnieniami o nim – ulega czasami ożywieniu i walczy ze spokojnością. Jeśli jednak ktoś regularnie ćwiczy przez dłuższy czas, to można zagwarantować, że z czasem znajdzie się w ponadmentalnym stanie Szczęśliwości.

Jednakże nie powinniśmy zbyt racjonalnie wyobrażać sobie zawczasu możliwych rezultatów, do których ten proces może prowadzić, a następnie zaprzestać praktykowania tej metody po krótkim okresie próbnym. Aby poczynić rzeczywisty postęp, konieczne są: po pierwsze, pełna uczucia uwaga dla studiowanego przedmiotu, po drugie, chęć do nauki oraz szczery duch poznawczy; po trzecie, wytrwałość dopóki nie osiągniemy upragnionego celu.

Jeśli przejdziemy jedynie połowę drogi, a następnie po krótkiej praktyce, odrzucimy ją, to nie osiągniemy pożądanego rezultatu. Nowicjusz w praktykach duchowych, który usiłuje osądzać z góry doświadczenia ekspertów (mistrzów i proroków wszystkich wieków) jest jak dziecko, które usiłuje sobie wyobrazić, jak będą wyglądały studia podyplomowe.

Wielka szkoda, że ludzie podejmują wysiłki i trwonią czas w celu zabezpieczenia tego, co jest konieczne dla ziemskiej egzystencji, albo zajmują się intelektualnymi rozważaniami nad teoriami, ale rzadko zdają się myśleć o tym, że warto byłoby urzeczywistnić i doświadczyć w życiu prawd, które nie tylko je ożywiają, ale również nadają mu sens. Źle ukierunkowane wysiłki często pochłaniają dłużej ich uwagę, niż te właściwie ukierunkowane.

Praktykuję powyższe metody przez wiele lat i im więcej to robię, tym bardziej czuję radość wypływającą z permanentnego i niezawodnego stanu Szczęśliwości.

Powinniśmy wziąć pod uwagę to, że duchowa Jaźń pozostaje w niewoli ciała przez nie wiadomo ile wieków. Nie można jej uwolnić w jeden dzień, i żadna krótka, czy pobieżna praktyka tej metody nie przeniesie nas do najwyższego stanu Szczęśliwości, ani nie da nam kontroli nad organami wewnętrznymi. Do tego celu, może być konieczne cierpliwe praktykowanie przez bardzo, bardzo długi czas.

Można jednak zagwarantować, że kierowanie się tym procesem przyniesie wielką radość czystej świadomości Szczęśliwości. Im więcej praktykujemy, tym szybciej osiągniemy Szczęśliwość. Życzyłbym sobie, byście jako poszukiwacze Szczęśliwości, którymi wszyscy jesteśmy, starali się sami doświadczyć tej uniwersalnej prawdy, która jest obecna we wszystkich i przez wszystkich może być odczuwana. Stan ten nie jest niczyim wynalazkiem. On już istnieje, wystarczy go po prostu odkryć.

Zanim nie przetestujecie tej prawdy, nie patrzcie z obojętnością na to, co piszę. Możliwe, że jesteście zmęczeni słuchaniem na temat różnych teorii, z których żadna nie wywarła jak do tej pory żadnego wpływu na wasze życie. To nie jest teoria, ale urzeczywistniona prawda. Usiłuje dać wam wyobrażenie tego, czego można naprawdę doświadczyć.

Miałem wielkie szczęście dowiedzieć się o tej świętej, naukowej prawdzie od wielkiego świętego[4] indyjskiego wiele lat temu. Możecie spytać się, dlaczego nakłaniam was – po co kieruję waszą uwagę na te fakty. Czy mam w tym

---

[4] Swami Śri Jukteśwar, guru Paramahansy Joganandy (przypis wydawcy)

jakiś egoistyczny interes? Odpowiedź na to jest twierdząca. Pragnę przekazać wam tę prawdę wraz z nadzieją otrzymania w zamian czystej radości wynikającej z tego, że pomogłem wam w odnalezieniu waszej radości w praktyce i urzeczywistnieniu jej.

Fizjologiczne wyjaśnienie metody naukowej

A teraz muszę wgłębić się nieco w fizjologię, która umożliwi nam zrozumienie tej metody, co najmniej w jej ogólnym znaczeniu. Odwołam się do pracy głównych ośrodków oraz elektrycznych prądów, które przepływają z mózgu poprzez te ośrodki do zewnętrznych (zmysłowych) i wewnętrznych organów, i utrzymują je wibrujące życiem.

Istnieje sześć głównych ośrodków, poprzez które prąd praniczny (życiowy prąd lub elektryczność życia) zostaje rozprowadzony z mózgu do całego systemu nerwowego. Są to:

1. Ośrodek rdzenia przedłużonego (Medulla)
2. Ośrodek szyjny
3. Ośrodek piersiowy
4. Ośrodek lędźwiowy
5. Ośrodek krzyżowy
6. Ośrodek guziczny

Mózg jest elektryczną siłownią najwyższego stopnia (najwyższym ośrodkiem). Wszystkie ośrodki są ze sobą połączone i działają pod wpływem najwyższego ośrodka (komórek mózgowych). Komórki mózgowe uwalniają prąd życiowy, czyli elektryczność poprzez te ośrodki, które z kolei uwalniają elektryczność do różnych doprowadzających i odprowadzających nerwów, które odpowiednio przenoszą motoryczne impulsy oraz doznania dotyku, wzroku i tak dalej.

Ten elektryczny przepływ z mózgu jest życiem organizmu (jego zewnętrznych i wewnętrznych organów), i to właśnie poprzez to elektryczne medium, wszystkie nasze zmysłowe sygnały docierają do mózgu i wywołują reakcje myślowe.

Jaźń, jeśli pragnie efektywnie odciąć zakłócające sygnały doznań zmysłowych (które są również okazją do wzbudzenia ciągu myśli), musi skupić i przejąć kontrolę nad przepływem elektrycznym by przenieść go ponownie z systemu nerwowego do siedmiu głównych ośrodków (wliczając w to mózg), tak aby ten proces mógł przynieść kompletny odpoczynek organom wewnętrznym i zewnętrznym.

We śnie, przewodność elektryczna pomiędzy mózgiem i organami zmysłu jest częściowo zablokowana, tak że zwykłe doznania dźwięku, dotyku i tak dalej, nie docierają do mózgu. Ponieważ jednak blokada ta nie jest kompletna, to wystarczająco silny bodziec z zewnątrz przywraca tę elektryczną przewodność i zostaje zasygnalizowany w mózgu, budząc osobę. Mimo to, zawsze podczas snu występuje stały elektryczny przepływ do organów wewnętrznych – serca, płuc i innych części ciała – toteż nieustannie pulsują one i pracują.

Praktykowanie metody naukowej uwalnia od zakłóceń cielesnych i psychicznych

Skoro kontrola nad falami elektrycznymi funkcji życiowych we śnie nie jest całkowita, to cielesne doznania dyskomfortu, choroby lub silnych bodźców zewnętrznych zakłócają je. Poprzez naukowy proces kontroli, który nie może być tutaj szczegółowo opisany, udaje się jednocześnie kontrolować zewnętrzne i wewnętrzne organy w sposób doskonały. Jest to ostateczny rezultat praktyki. Osiągnięcie

Paramahansa Jogananda w Nowym Jorku, 1926 r.

Jedno z pierwszych zgromadzeń prowadzonych przez Paramahansę Joganandę w Międzynarodowej Głównej Siedzibie SRF
w Los Angeles, 1925 r.

Międzynarodowa Główna Siedziba SRF w 1982 r.

doskonałej kontroli może jednak zabrać wiele lat.

Tak jak po drzemce, (która jest odpoczynkiem) zewnętrzne organy zostają orzeźwione, tak i po odpoczynku, jaki daje praktykowanie tej naukowej metody, wewnętrzne organy zostają bardzo ożywione; konsekwencją tego jest wzmożona siła ich działania, która powoduje przedłużenie życia.

Tak jak nie obawiamy się popadania w sen, mimo że przez pewien czas organy wewnętrzne stają się nieaktywne, tak samo nie powinniśmy obawiać się praktykowania świadomej śmierci, to znaczy dawania odpoczynku organom wewnętrznym. Wtenczas śmierć będzie pod naszą kontrolą, bo kiedy pomyślimy, że ten dom cielesny jest w złym stanie i zużyty, to będziemy umieli opuścić go z własnej woli. „Jako ostatni wróg, zostanie pokonana śmierć"[5].

Możemy opisać proces w ten sposób: jeśli główne biuro telefonów w mieście jest na stałe połączone przewodami z różnymi częściami miasta, to ludzie z nich dzwoniący mogą zawsze, nawet wbrew woli administratorów centralnego biura, wysyłać do niego wiadomości poprzez medium, jakim jest prąd elektryczny, który płynie przez przewody łączące. Gdyby główne biuro telefonów życzyło sobie przerwać komunikację z różnymi częściami miasta, to może ono wyłączyć główny przełącznik elektryczny i nie będzie już przepływu do różnych kwartałów miasta.

Podobnie, naukowa metoda uczy nas procesu umożliwiającego nam przyciąganie do naszej *części centralnej* – kręgosłupa i mózgu – prądu życiowego, który przesyłany jest do organów i innych części naszego ciała. Proces ten polega na namagnetyzowaniu kolumny kręgosłupa i mózgu, które zawierają siedem głównych ośrodków, z takim skutkiem, że

---

[5] I Kor. 15:26

dystrybuowana życiowa energia elektryczna jest z powrotem wciągana do pierwotnych ośrodków zrzutu i przejawia się w formie światła. W tym stanie, duchowa Jaźń może świadomie uwolnić się od swoich cielesnych i mentalnych zakłóceń.

Duchowa Jaźń jest stale zakłócana, nawet na przekór swojej woli, przez sygnały otrzymywane w formie podobnej do sygnałów telefonicznych, od ludzi dwóch klas – dżentelmenów (myśli) i ludzi klas niższych (doznania zmysłowe). Aby zerwać z nimi połączenie, wystarczy jedynie, aby Jaźń odcięła elektryczność płynącą przez przewody elektryczne do centralnego akumulatora swojego domu, wyłączając przełącznik (praktykowanie czwartej metody), po to aby mogła doznać ulgi.

Uwaga jest wielkim reżyserem i dystrybutorem energii. Jest ona aktywną przyczyną dystrybucji elektrycznego prądu życia z mózgu do nerwów zmysłowych i motorycznych. Na przykład, odganiamy przeszkadzającą nam muchę przesyłając, poprzez moc uwagi, elektryczny prąd wzdłuż nerwów motorycznych i wywołując w ten sposób pożądany ruch ręki. Przytaczam to, żeby dać wyobrażenie mocy, dzięki której elektryczny przepływ systemu może być kontrolowany i z powrotem wprowadzany do swoich siedmiu ośrodków.

To o tych siedmiu, przypominających gwiazdę (astralnych) kręgowo-mózgowych ośrodkach i ich tajemnicy, wspomina Biblia w księdze Objawienia. Św. Jan odpieczętował ukryte wejścia do siedmiu ośrodków i dostąpił prawdziwego zrozumienia samego siebie, jako Ducha. „Napisz więc to, co widziałeś[…], co do tajemnicy siedmiu gwiazd"[6].

---

[6] Apokalipsa 1:19, 20

Stała praktyka naukowej metody prowadzi do świadomości Szczęśliwości, czyli Boga

W podsumowaniu pragnę opisać naturę stanów, które pojawiają się, kiedy przepływ elektryczny jest *całkowicie* kontrolowany. Na początku w wyniku magnetyzowania kręgosłupa doznajemy bardzo przyjemnego odczucia. Ale ciągła i długa praktyka przyniesie stan świadomej Szczęśliwości, który zneutralizuje stan pobudzenia wywołany przez naszą świadomość ciała.

Ten stan szczęśliwości został opisany jako nasz cel uniwersalny oraz najwyższa konieczność, ponieważ będąc w nim, naprawdę jesteśmy świadomi Boga, czyli Szczęśliwości i odczuwamy ekspansję naszej rzeczywistej jaźni. Im częściej tego doświadczamy, im więcej pozbywamy się naszej wąskiej tożsamości, tym szybciej osiągamy stan uniwersalności i coraz bliższe i bardziej bezpośrednie jest nasze obcowanie z Bogiem.

Religia tak naprawdę jest niczym innym, jak stapianiem się naszej indywidualności z uniwersalnością. Zatem w świadomości tego niebiańskiego stanu wspinamy się po stopniach religii. Opuszczamy szkodliwą atmosferę zmysłów i błądzących myśli i wkraczamy w region niebiańskiej Szczęśliwości.

Poprzez ten proces uczymy się tego, co okaże się być uniwersalnie prawdziwe: kiedy poprzez stałą praktykę, świadomość tego niebiańskiego stanu duchowej Jaźni stanie się realna, to znajdziemy się zawsze w świętej obecności pełnego szczęśliwości Boga w nas. Spełniamy lepiej nasze obowiązki, zwracając większą uwagę na same obowiązki, niż na nasz egoizm i świadomość przyjemności i bólu z nich wynikających. Możemy wówczas rozwiązać tajemnicę istnienia i nadać prawdziwe znaczenie życiu.

W naukach wszystkich religii, czy to chrześcijaństwa, islamu, czy hinduizmu kładzie się nacisk na jedna prawdę: Dopóki człowiek nie pozna siebie jako Ducha – krynicy Szczęśliwości – to ograniczony jest przez doczesne koncepcje i podlega nieodwołalnym prawom natury. Znajomość własnej prawdziwej natury przynosi mu wieczną wolność.

Poznanie Boga możliwe jest jedynie przez poznanie samych siebie, ponieważ nasza prawdziwa natura jest podobna do Jego natury. Człowiek został stworzony na podobieństwo Boga. Jeśli proponowane tutaj metody zostaną opanowane i usilnie praktykowane, to poznasz siebie jako pełnego szczęśliwości ducha i urzeczywistnisz Boga.

Metody podane w tej książce obejmują wszelkie możliwe środki niezbędne dla urzeczywistnienia Boga. Pomijają one świadomie tysiące konwencjonalnych zasad i mniej ważnych praktyk, zalecanych przez tak zwane różne religie, ponieważ niektóre z nich dotyczą różnic w usposobieniu jednostek, przeto są mniej ważne, choć pod żadnym pozorem zbędne; a ponieważ inne pojawiają się w trakcie praktykowania tych metod, zatem nie wymagają pełniejszego opisu w ograniczonej przestrzeni niniejszej książki.

Metoda naukowa działa bezpośrednio z siłą życiową

Wyższość tej metody nad innymi polega na tym, że działa ona dokładnie z tą sama rzeczą, która przywiązuje nas do naszej wąskiej tożsamości – *siłą życiową*. Zamiast zostać zawrócona i zaabsorbowana do ekspansywnej samo-świadomej mocy Jaźni, siła życiowa zazwyczaj wydostaje się na zewnątrz, utrzymując ciało i umysł zawsze w ruchu i powodując zakłócenia w duchowej Jaźni pod postacią doznań cielesnych i przelotnych myśli.

Ponieważ siła życiowa kieruje się na zewnątrz, doznania i myśli zakłócają i zniekształcają spokojny wizerunek Jaźni, czyli Duszy. Metoda ta uczy nas jak skierować siłę życiową z powrotem do wewnątrz. Zatem jest *bezpośrednia i natychmiastowa*. Prowadzi nas ona prosto do świadomości Jaźni – Szczęśliwości-Boga. Nie wymaga pomocy pośrednika.

Metoda ta ma kontrolować i kierować przepływem siły życiowej poprzez kontrolę i zarządzanie znanym i bezpośrednio związanym przejawem samej siły życiowej. Pozostałe metody korzystają z pomocy intelektu, czyli procesu myślowego, po to, aby sterować siłą życiową w celu wywołania świadomości Jaźni w jej aspekcie szczęśliwości i w innych aspektach.

Należy zauważyć, że wszystkie religijne metody na świecie pośrednio lub bezpośrednio, milcząco lub wprost zalecają kontrolę, regulację i zawracanie siły życiowej, tak byśmy mogli wykroczyć poza ciało i umysł, i poznać Jaźń w jej wrodzonym stanie. Czwarta metoda bezpośrednio kontroluje siłę życiową przez siłę życiową, podczas gdy inne metody czynią to pośrednio poprzez inne czynniki pośrednie – myśl, modlitwę, dobre uczynki, oddawanie czci albo „świadomy sen".

Obecność życia w człowieku jest istnieniem; jego nieobecność jest śmiercią. A zatem metoda, która uczy bezpośrednią moc życia, aby sama siebie kontrolowała, musi być najlepszą ze wszystkich.

Erudyci różnych czasów i cywilizacji sugerowali metody adaptowane do usposobień i kondycji ludzi, pośród których żyli i nauczali. Niektórzy kładli nacisk na modlitwę, niektórzy na uczucia, niektórzy na dobre uczynki, niektórzy na miłość, inni na rozum i myśli, a niektórzy na medytację. Ale ich motywy były takie same.

Wszyscy oni uważali, że należy wykroczyć ponad świadomość ciała poprzez skierowanie siły życiowej z powrotem do wewnątrz oraz, że Jaźń powinna być urzeczywistniona, tak jak obraz słońca, który pojawia się w spokojnej niezmąconej wodzie. Ich celem jest wpojenie właśnie tego, czego czwarta metoda naucza bezpośrednio, bez pomocy pośrednika.

Jednocześnie powinniśmy zauważyć, że praktyka tej metody nie przeszkadza w rozwoju intelektu, budowaniu muskulatury ciała ani w aktywnym udziale w społecznym i pożytecznym życiu – życiu kierującym się najlepszymi uczuciami i motywami, poświęconemu działaniom filantropijnym. W rzeczywistości, *wszechstronny* trening może być zalecany dla wszystkich. Pozytywnie wspomaga on raczej, niż hamuje praktykę metody; jedyną wymaganą rzeczą jest to, by zachowana została jej główna idea. Wówczas wszelkie działania, wszelkie dążenia przyniosą nam korzystne rezultaty.

Najważniejszą rzeczą w tym procesie jest dokładne zrozumienie tajemnicy siły życiowej, która podtrzymuje ciało człowieka, sprawiając, że wibruje ono życiem i energią.

CZĘŚĆ 5

INSTRUMENTY WIEDZY
I TEORETYCZNA WIARYGODNOŚĆ
METOD RELIGIJNYCH

Uniwersalność i potrzeba religijnego ideału (wiecznie istniejącego, wiecznie świadomego Boga-Szczęśliwości) oraz praktyczne metody jego osiągnięcia, zostały omówione w poprzednich rozdziałach. Teraz pragniemy przedyskutować wiarygodność tych metod.

Metody są w gruncie rzeczy praktyczne, i jeśli się je stosuje, to ideał musi zostać osiągnięty, czy mamy do czynienia z teoriami, czy nie. Ich wiarygodność potwierdza sam rezultat, który jest namacalny i realny.

Nie jest naprawdę konieczne, co powinno być zrozumiałe, przedstawianie teoretycznych podstaw wiarygodności. Jednak po to, by po prostu zaspokoić oczekiwania innych, przyjmujemy *a priori,* wobec wiarygodności naukowych teorii, na których opierają się wyżej przedstawione metody, że ich słuszność też można wykazać teoretycznie.

Wprowadzi nas to w kwestię epistemologiczną: w jaki sposób i jak dalece możemy poznać ideał, prawdę? Aby zademonstrować, w jaki sposób poznajemy ideał, musimy rozważyć, w jaki sposób poznajemy aktualny świat. Musimy zająć się procesem poznawania świata. Zobaczymy wówczas czy proces poznawania świata jest taki sam jak proces poznawania ideału, i czy aktualny świat jest czymś odrębnym od ideału, czy też to drugie przenika to pierwsze – a jedynie proces poznawania obydwu jest różny.

Zanim przejdziemy do dalszych rozważań, przedyskutujmy „instrumenty" wiedzy – sposób, w jaki poznanie świata staje się dla nas możliwe. Istnieją trzy instrumenty, lub środki poznania: percepcja, wnioskowanie i intuicja.

TRZY INSTRUMENTY WIEDZY

1. Percepcja

Nasze zmysły są jak okna, przez które docierają bodźce z zewnątrz i bombardują nasz umysł, który pasywnie przyjmuje te wrażenia. Dopóki umysł nie jest aktywny, to żadne bodźce przychodzące z zewnątrz przez okna zmysłów nie mogą zostać na nim odciśnięte.

Umysł nie tylko dostarcza połączeń dla bodźców odbieranych przez różne zmysły, ale również magazynuje ich wpływy w formie impresji. Impresje te jednakże pozostają pomieszaną, luźną masą dopóty, dopóki nie zadziała na nie zdolność rozróżniania (*buddhi*). Zostaje wówczas nawiązane odpowiednie połączenie, a szczegóły świata zewnętrznego zostają rozpoznawane jako takie. Są one wyświetlane, jeśli można tak powiedzieć, i rozpoznawane w formie czasu i przestrzeni, posiadają też wyraźne asocjacje – ilość, jakość, wymiary i znaczenie. Dom jest wtedy rozpoznawany jako dom, a nie jako słup. Jest to wynik działania intelektu (*buddhi*).

Możemy widzieć obiekt, odczuwać go, a następnie usłyszeć jego dźwięk, kiedy zostanie uderzony, a nasz umysł odbiera te wrażenia i przechowuje je. *Buddhi* interpretuje je i wydaje się je wyświetlać w formie domu, wraz z jego różnymi częściami – rozmiarem, kształtem, kolorem, formą, stylem i jego relacją z innymi przedmiotami, obecnie, w przeszłości lub przyszłości – w czasie i przestrzeni. W taki właśnie sposób budujemy wiedzę o świecie.

Osoba chora psychicznie ma w swoim umyśle nagromadzone wrażenia, ale są one w chaotycznym stanie – nieposortowane i niezorganizowane w odrębne, uporządkowane grupy przez intelekt.

Teraz powstaje pytanie: Czy można poznać Rzeczywistość (idealną, wiecznie świadomą, wiecznie istniejącą Szczęśliwość-Boga) poprzez tego rodzaju percepcję? Czy zastosowanie procesu poznawania świata (poprzez percepcję) jest uzasadnionym procesem w poznawaniu najwyższej prawdy?

Wiemy, że intelekt może pracować jedynie z bodźcami dostarczanymi przez zmysły. Pewne jest to, że zmysły dają nam jedynie bodźce jakości i różnorodności. Istotnie, zmysły nie tylko dają nam różnorodność, ale sam intelekt zajmuje się różnorodnością i pozostaje w sferze różnorodności. Pomimo iż może on myśleć o „jedności w różnorodności", to nie może się z nią utożsamiać. Jest to jego wadą. Tak naprawdę, percepcja intelektualna nie może oddać prawdziwej natury jednej Uniwersalnej Substancji kryjącej się pod różnymi manifestacjami.

Taki jest werdykt samego rozumu. Kiedy *buddhi* odwraca się plecami od samego sobie, żeby osądzić, w jakim stopniu jest zdolne do poznania Rzeczywistości poprzez interpretację wrażeń zmysłowych, to przekonuje się, że ono samo jest beznadziejnie uwięzione wewnątrz domeny świata zmysłów. Nie ma furtki, przez którą może zajrzeć do świata nadzmysłowego.

Niektórzy mogą powiedzieć, że ponieważ wbijamy klin pomiędzy świat zmysłowy i nadzmysłowy, to rozum nie jest w stanie uwierzyć, że może posiadać jakąkolwiek wiedzę o nadzmysłowości. Mówią oni, że jeśli myślimy o nadzmysłowości, jako o manifestującej się w zmysłowości, i poprzez nią, to wówczas w poznaniu zmysłowości – wraz z jej powiązaniem (teleologią lub adaptacją) i wszystkimi szczegółami i rozmaitościami poprzez proces intelektualny – będziemy poznawali nadzmysłowość objawiającą się jako „jedność w różnorodności".

Ale można by się zapytać, jaka jest natura takiego „poznawania"? Czy jest to zaledwie idea w mózgu, czy *widzenie* prawdy (jedności w różnorodności) twarzą w twarz, z pierwszej ręki i bezpośrednio? Czy ta forma poznania jest tak samo przekonująca jak ta poprzez bycie z nią w jedności? Z pewnością nie, ponieważ takie poznanie jest jedynie częściowe, ułomne; jest to jedynie spoglądanie przez kolorowe szkiełko. Świat nadzmysłowy sięga dalej. Takie są argumenty *a priori* przeciwko percepcji, jako instrumentowi poznania Rzeczywistości, czyli Boga.

W doświadczaniu spokoju odkrywamy również, że nie możemy osiągnąć stanu szczęśliwości, który jest Rzeczywistością i ideałem samym w sobie (jak pokazano w poprzednich rozdziałach), dopóki nie wzniesiemy się w znacznym stopniu ponad niespokojny, percepcyjny stan. Im bardziej pozostawiamy za sobą niepokojące nas percepcje i wewnętrzne myśli, tym większą mamy możliwość wejścia w ten nadzmysłowy stan Szczęśliwości, lub Szczęśliwości-Boga.

Zwyczajna percepcja i Szczęśliwość wydają się wzajemnie wykluczać w powszechnym doświadczeniu. Jednakże żadna z naszych metod nie opiera się na czystej percepcji, stąd niemożność poznania przez tą ostatnią Rzeczywistości nie jest istotna.

2. Wnioskowanie

Jest to jeszcze jeden sposób zdobywania wiedzy o świecie. Ale samo wnioskowanie opiera się na doświadczeniu – na percepcji – czy to dedukcyjnej czy indukcyjnej. Z doświad-czenia wiemy, że nie ma dymu bez ognia, zatem, jeśli kiedy-kolwiek widzimy dym, to wnioskujemy, że jest i ogień. Jest to wnioskowanie dedukcyjne. Jest ono możliwe jedynie dzięki na-szemu poprzedniemu doświadczeniu (percepcji), które kojarzy nam dym z ogniem. We wnioskowaniu indukcyjnym również występuje ta sama zależność od percepcji.

Obserwujemy, że pewien rodzaj zarazka wywołuje cholerę. Odnajdujemy związek przyczynowy pomiędzy tym rodzajem zarazka i cholerą i od razu indukcyjnie wniosku-jemy, że gdziekolwiek znajdziemy taki zarazek, to obecna będzie również cholera. Chociaż występuje tu przeskok od znanych przypadków cholery do przypadków nieznanych, to mimo to, poprzez wnioskowanie nie otrzymujemy żad-nych nowych faktów, chociaż przypadki mogą być nowe. Sama możliwość ustalenia związku przyczynowego po-między pewnymi zarazkami i cholerą uzależniona jest od obserwacji (percepcji) specyficznych przypadków.

Zatem wnioskowanie ostatecznie zależne jest od per-cepcji. Nie zdobywamy żadnej nowej prawdy z wywniosko-wanych przypadków – niczego rzeczywiście nowego, czego nie znaleziono w obserwowanych przypadkach. W obser-wowanych przypadkach następstwem zarazków jest cholera, a w przypadkach wnioskowanych również następstwem za-razków jest cholera – nie ma żadnej nowej prawdy, chociaż przypadki są świeże i nowe.

Bez względu na to, jakie zastosujemy formy myśli, rozumowania, czy imaginacji, to nadal nie stajemy twarzą w twarz z Rzeczywistością. Rozum lub myśl może uporząd-kować i usystematyzować fakty doświadczenia; może starać się widzieć rzeczy jako całość; może próbować przeniknąć tajemnice świata. Ale jego wysiłki są hamowane przez materiały, nad którymi pracuje – fakty doświadczenia, wrażenia zmysłowe. Są one nagimi, twardymi faktami, rozdzielone, ograniczone naszymi zdolnościami percepcyjnymi. Materiały raczej zakłócają, niż wspierają proces myślowy, który sam w sobie zawiera niespokojną ciągłość.

Jak mówiliśmy, pierwszą metodą religijną jest metoda intelektualna, która w celu poznania Rzeczywistości – stanu Szczęśliwości i spokojnego urzeczywistnienia, korzysta z procesu myślowego. Jest ona jednak zawodna. Przeszkodą jest nasza percepcja ciała, a także sam proces myślenia, który wskutek pracy nad zmiennymi, niespokojnymi wrażeniami zmysłowymi, uniemożliwia nam długie pozostawanie w stanie koncentracji. Nie udaje się nam zatem osiągnąć świadomej jedności w różnorodności. Jedną z zalet metody intelektualnej jest to, że kiedy jesteśmy zaabsorbowani w świecie naszych myśli, to do pewnego stopnia wykraczamy poza doznania cielesne. Jest to jednak zawsze chwilowe.

W pozostałych dwóch metodach – dewocyjnej i medytacyjnej – proces myślowy jest mniej obecny, chociaż nadal występuje. W metodzie dewocyjnej (to znaczy w rytualnym i ceremonialnym wyrażaniu czci, w modlitwie – zbiorowej lub indywidualnej) znaczna część procesu myślowego sprowadza się do aranżowania korzystnych warunków. Mimo to nadal występuje próba skupienia się na jakimś obiekcie czci czy modlitwy.

Tak długo jak różnorodność procesów myślowych jest hamowana lub uniemożliwiana, metoda dewocyjna przynosi sukces. Jej wada jest następująca: W związku ze złym nawykiem utwierdzonym z biegiem lat, nasza koncentracja nie jest zbyt głęboka, co powoduje możliwość wywołania różnorodnych procesów myślowych na skutek najmniejszego zakłócenia.

W metodzie medytacyjnej (gdzie zrezygnowano z zewnętrznych formalności, konwenansów, rytuałów, a zatem zablokowano możliwość tak łatwego uruchamiania procesów myślowych jak w metodzie dewocyjnej), koncentracja skupia się na jednym obiekcie myślowym. Następuje wówczas stopniowa tendencja do pozostawienia sfery myśli za sobą i wstąpienia w sferę intuicji, którą rozpatrzymy, jako następną.

3. Intuicja

Jak dotąd rozpatrywaliśmy instrumenty i procesy poznawania świata zmysłów. Intuicja, którą teraz omówimy, jest procesem, dzięki któremu poznajemy świat pozazmysłowy – świat, który wykracza poza zmysły i myśli. Prawdą jest to, że nadzmysłowość wyraża się w zmysłowości, oraz poprzez nią, a poznanie w pełni tej drugiej oznacza poznanie i pierwszej; procesy poznawania obydwu muszą jednak być różne.

Czy jesteśmy w ogóle zdolni poznać świat zmysłowy w całej jego pełni jedynie poprzez percepcję i myślenie? Z pewnością nie. Jest nieskończona liczba faktów, rzeczy, praw i uwarunkowań w naturze a nawet w naszych organizmach, które nadal są dla ludzkości zamkniętą księgą. O ileż mniej zatem, zdolni będziemy do poznania królestwa nadzmysłowości poprzez percepcję i myśl.

Intuicja pochodzi z wewnątrz; myśl z zewnątrz. Intuicja pozwala na widzenie Rzeczywistości twarzą w twarz; myśl daje pośrednie postrzeganie. Intuicja poprzez osobliwe sympatyzowanie, widzi Rzeczywistość w całości, podczas gdy myśl tnie ją na kawałki.

Każdy człowiek posiada zdolność intuicji, tak jak i zdolność myślenia. Podobnie jak można rozwijać myślenie, tak samo można rozwijać intuicję. Poprzez intuicję jesteśmy zestrojeni z Rzeczywistością – ze światem Szczęśliwości, z „jednością w różnorodności", z wewnętrznymi prawami rządzącymi duchowym światem, z Bogiem.

Skąd wiemy, że istniejemy? Poprzez postrzeganie zmysłowe? Czy to najpierw zmysły nam mówią, że istniejemy – i stąd też pochodzi świadomość istnienia? Tak być nie może, ponieważ świadomość istnienia jest z góry założona w próbie powiadomienia nas o naszym istnieniu przez zmysły. Zmysł nie może świadomie być świadomym czegokolwiek bez naszej uprzedniej wiedzy o tym, że istniejemy w samym akcie odczuwania.

Czy wnioskowanie, proces myślowy, mówi nam, że istniejemy? Z pewnością nie. Materiałami myśli muszą bowiem być wrażenia zmysłowe, które, tak jak właśnie odkryliśmy, nie mogą nam powiedzieć o naszym istnieniu, jako że to uczucie jest już w nich z góry założone. Podobnie proces myślenia nie może nam dać świadomości istnienia, ponieważ to drugie jest już implikowane w tym pierwszym. Kiedy, poprzez porównywanie siebie ze światem zewnętrznym usiłujemy myśleć, lub wywnioskować, że w nim istniejemy, to świadomość istnienia jest już obecna w samym akcie myślenia i wnioskowania.

Zatem, jeśli zawiedzie zmysł lub myślenie, to, w jaki sposób wiemy, że istniejemy? Możemy wiedzieć o tym jedynie dzięki intuicji. Takie poznawanie jest *jedną z form* intuicji. Wykracza ona poza zmysły i myśl – to ona sprawia, że są możliwe.

Bardzo trudno jest zdefiniować intuicję, ponieważ jest ona zbyt blisko każdego z nas; każdy z nas ją odczuwa. Czyż nie wiemy, czym jest świadomość istnienia? Wszyscy to wiedzą. Za bardzo jest nam znana, żeby dopuścić jej definicję. Spytajcie kogoś, skąd wie, że istnieje; nie będzie wiedział, co powiedzieć. Wie to, ale nie potrafi tego zdefiniować. Może próbować wytłumaczyć, ale jego tłumaczenie nie wyjawi, tego, co odczuwa on wewnętrznie. Intuicja każdej formy posiada specyficzny charakter. Czwarta metoda religijna, objaśniona w ostatnim rozdziale bazuje na intuicji. Im bardziej gorliwi jesteśmy w stosunku do niej, tym szersza i pewniejsza będzie nasza wizja Rzeczywistości – Boga.

To poprzez intuicję ludzkość osiąga Boskość, zmysłowość wchodzi w łączność z nadzmysłowością, a ta ostatnia *odczuwana* jest jako wyrażającą siebie w zmysłowości oraz poprzez nią. Wpływ zmysłów znika, kłopotliwe myśli ulatniają się; Szczęśliwość-Bóg zostaje urzeczywistniony; budzi się w nas świadomość „wszystkiego w Jednym i Jednego we wszystkim". Taką właśnie intuicję posiadali wszyscy wielcy erudyci i prorocy świata.

Trzecia lub medytacyjna metoda, wyjaśniona w Części 2, również wprowadza nas w region intuicji – kiedy jest gorliwie praktykowana. Ale jest ona nieco okrężna i zwykle zabiera więcej czasu, aby wywołać w nas sukcesywne stany procesu intuicyjnego, lub procesu urzeczywistnienia.

Poprzez intuicję można urzeczywistnić Boga we wszystkich Jego aspektach

A zatem, to poprzez intuicję można urzeczywistnić Boga we wszystkich Jego aspektach. Nie posiadamy zmysłu, który może objawić wiedzę o Nim; zmysły przynoszą jedynie wiedzę o Jego przejawach. Ani myślenie, ani wnioskowanie nie mogą umożliwić nam poznania Go, takim, jakim jest naprawdę, ponieważ myśl nie może wyjść poza dane zmysłów; może ona jedynie uporządkowywać i interpretować wrażenia odbierane przez zmysły.

Kiedy zmysły nie są w stanie zaprowadzić nas do Boga, to myśl (która na nich polega) również nie jest do tego zdolna. Będziemy zatem musieli zwrócić się do intuicji o wiedzę na temat Boga w Jego niebiańskim i innych aspektach.

Jednakże istnieje wiele przeszkód dla tego intuicyjnego punktu widzenia – dla urzeczywistnienia prawdy. Oto niektóre z nich: choroby, niesprawność umysłowa, wątpliwości, gnuśność, nastawienie materialistyczne, fałszywe idee i niestałość.

Są one albo wrodzone, albo nabyte i pogłębiają się wskutek powiązań z innymi osobami. Nasze wrodzone skłonności (*samskary)* do pewnych błędów mogą zostać przezwyciężone dzięki zdecydowanemu wysiłkowi (*puruszakara).* Dzięki egzekwowaniu siły woli możemy usunąć wszelkie nasze niedociągnięcia. To poprzez właściwy wysiłek oraz powiązania z dobrymi ludźmi, wielbicielami Boga możemy wykorzenić złe nawyki i ukształtować dobre. Dopóki nie zwiążemy się z tymi, którzy widzieli, odczuwali i urzeczywistnili prawdziwą religię w swoim życiu, to nie możemy w pełni wiedzieć, czym ona jest i w czym kryje się jej uniwersalność i niezbędność.

Duch dociekliwości istnieje u wszystkich. Każdy na świecie jest poszukiwaczem prawdy. Jest to jego nieśmiertelne dziedzictwo; i poszukuje jej, mądrze, lub po omacku, dopóki całkowicie jej nie odzyska. Nigdy nie jest za późno, by się naprawić. „Proście, a będzie wam dane; szukajcie, a znajdziecie, kołaczcie, a otworzą wam"[1].

---

[1] Mateusz 7:7

O autorze

„Ideał miłości do Boga i służby ludzkości znalazł swój pełen wyraz w życiu Paramahansy Jogananda [...]. Chociaż spędził on większą część swojego życia poza Indiami, to mimo to, zajmuje poczesne miejsce wśród naszych wielkich świętych. Jego dzieło nadal wzrasta i błyszczy coraz jaśniej przyciągając zewsząd ludzi na ścieżkę pielgrzymki Ducha".

-- z hołdu złożonego przez rząd Indii, z okazji wydania okolicznościowego znaczka dla upamiętnienia dwudziestej piątej rocznicy śmierci Paramahansy Jogananda.

Paramahansa Jogananda urodził się jako Mukunda Lal Ghosh 5 stycznia 1893 roku w północno-indyjskim mieście Gorakhpur, u stóp Himalajów. Od najwcześniejszych lat, jasne było, że jego życie jest naznaczone przez boskie przeznaczenie. Według jego najbliższych, nawet będąc dzieckiem pokazywał głębię swojej świadomości i doświadczenia, daleko wykraczającą poza zwyczajność. W czasach swojej młodości spotykał się z wieloma indyjskimi mędrcami i świętymi mając nadzieję odnalezienia oświeconego nauczyciela, który pokierowałby nim w jego duchowych poszukiwaniach.

W roku 1910, kiedy miał siedemnaście lat, spotkał i został uczniem czczonego Swami Śri Jukteświara. W pustelni tego wielkiego mistrza jogi spędził większą część kolejnych dziesięciu lat, przyjmując surową, ale czułą dyscyplinę Śri Jukteświara. Po ukończeniu Uniwersytetu w Kalkucie w 1915 roku, przyjął formalne śluby, jako mnich czcigodnego indyjskiego monastycznego zakonu Swamich, otrzymując wówczas imię Jogananda (oznaczające szczęśliwość, *ananda*, poprzez boskie zjednoczenie, *joga*).

W roku 1917, Śri Jogananda rozpoczął dzieło swojego życia zakładając szkołę dla chłopców, której mottem było, „jak żyć" i w której współczesne metody edukacyjne zostały połączone z ćwiczeniami jogi oraz instruktażem w ideałach duchowych. Trzy lata późnie został zaproszony jako przedstawiciel Indii na Międzynarodowy Kongres Liberałów Religijnych w Bostonie. Jego przemówienie na Kongresie zatytułowane *„Naukowy aspekt religii"*, zostało przyjęte entuzjastycznie.

Przez kilka następnych lat wykładał i nauczał na Wschodnim wybrzeżu, a w 1924 roku wyruszył na transkontynentalne tournée z wykładami. W Los Angeles rozpoczął w styczniu 1925 roku dwumiesięczny cykl wykładów i warsztatów. Tak jak wszędzie, jego wykłady spotkały się z wielkim zainteresowaniem i uznaniem.

Los Angeles Times donosił: „Audytorium Filharmoniczne prezentuje niezwykły spektakl tysięcy osób… które musiały odejść z kwitkiem na godzinę przed ogłaszanym rozpoczęciem wykładu, a mieszcząca 3000 osób sala została całkowicie wypełniona".

Później, tego samego roku, Śri Jogananda założył w Los Angeles międzynarodową siedzibę Self-Realization Fellowship, stowarzyszenia, które ufundował w 1920 roku w celu rozpowszechniania swoich nauk o starożytnej nauce i filozofii jogi oraz jej metod medytacji, uświęconych przez czas.[1] Podczas kolejnej dekady, wiele podróżował,

---

[1] Specyficzna ścieżka medytacji i obcowania z Bogiem nauczana przez Paramahansę Joganandę, nazywana *krija-jogą*, świętą duchową nauką powstałą tysiące lat temu w Indiach. *Autobiografia jogina* napisana przez Śri Joganandę prezentuje ogólne wprowadzenie w filozofię i metody *krija-jogi*; szczegółowe instrukcje dotyczące technik dostępne są dla kwalifikujących się studentów w opracowanych przez niego *Lekcjach Self-Realization Fellowship*.

przemawiając w głównych miastach kraju. Pośród tych, którzy zostali jego uczniami znajdowało się wiele wybitnych osobistości ze świata nauki, biznesu i sztuki, wliczając w to specjalistę ogrodnictwa, Luthera Burbanka, sopranistkę Metropolitan Opera, Amelitę Galli Curci, Margaret Wilson, córkę prezydenta Woodrowa Wilsona, poetę Edwina Markhama, oraz dyrygenta Leopolda Stokowskiego.

Po powrocie z osiemnastomiesięcznego tournée po Europie i Indiach w latach 1935–36, Paramahansa Jogananda zaczął się coraz bardziej wycofywać z wygłaszania publicznych wykładów, po to, by bardziej poświęcić się zbudowaniu trwałych fundamentów pod ogólnoświatowe dzieło, oraz pisaniu, które miało przekazać jego przesłanie przyszłym pokoleniom. Historia jego życia, *Autobiografia jogina,* została wydana w 1946 roku. Książka ta, która uzyskała sławę i status współczesnego klasyka literatury duchowej, jest nadal wydawana i została przetłumaczona na wiele języków.

Obecnie, duchowe i humanitarne dzieło rozpoczęte przez Paramahansę Joganandę kontynuowane jest pod kierunkiem Śri Mrinalini Maty, jednej z jego najbliższych uczennic i obecnego prezydenta Self-Realization Fellowship/Yogoda Satsanga of India.[2] Oprócz publikowania książek Paramahansy Joganandy oraz jego wykładów, nieformalnych przemówień oraz innych pism – wliczając w to obszerny cykl *Lekcji Self-Realization Fellowship* dla użytku domowego   stowarzyszenie prowadzi swoich członków w praktykowaniu nauk Śri Joganandy, nadzoruje swoje świątynie, miejsca odosobnienia oraz ośrodki medytacji

---

[2] W Indiach dzieło Paramahansy Joganandy znane jest jako Yogoda Satsanga Society.

na całym świecie, jak również wspólnoty monastyczne zakonu Self-Realizacji. Koordynuje również Światowy Krąg
Modlitwy, który służy jako instrument pomocniczy w do-
prowadzeniu do uzdrowienia osób w fizycznej, psychicznej
i duchowej potrzebie, oraz do większej harmonii pomiędzy
narodami.

Od czasu swojego odejścia w 1952 r., Paramahansa Jogananda uzyskał uznanie jako jedna z prawdziwie wielkich
duchowych osobowości dwudziestego wieku. Poprzez swoje
uniwersalne nauki oraz bezprzykładne życie, pomógł on ludziom wszystkich ras, kultur i wyznań w pełniejszym urzeczywistnieniu i wyrażeniu piękna i szlachetności ludzkiego
ducha w ich własnym życiu. W swoim artykule na temat
życia i dzieła Paramahansy Joganandy dr Quincy Howe Jr.,
Profesor Języków Starożytnych w Scripps College napisał:
„Paramahansa Jogananda przyniósł Zachodowi nie tylko
wiekuistą indyjską obietnicę Bożego urzeczywistnienia, ale
również i praktyczną metodę, dzięki której duchowi aspi-
ranci ze wszystkich środowisk mogą szybko podążać w kierunku tego celu. Pierwotnie doceniane na Zachodzie, na
najbardziej wyniosłym i abstrakcyjnym poziomie, duchowe
dziedzictwo Indii jest obecnie dostępne, jako praktyka i doświadczenie dla wszystkich, którzy aspirują do poznania
Boga, nie po tamtej stronie, ale tutaj i teraz [...]. Jogananda
umieścił w zasięgu wszystkich najbardziej ekstatyczne metody kontemplacji".

PARAMAHANSA JOGANANDA: JOGIN W ŻYCIU I ŚMIERCI

Paramahansa Jogananda wkroczył w *samadhi* (świadome ostateczne odejście jogina z ciała) w Los Angeles, w Kalifornii, w dniu 7 marca 1952 roku, po wygłoszeniu swojego przemówienia podczas bankietu wydanego na cześć Jego Ekscelencji Binaja R. Sena, ambasadora Indii.

Wielki światowy nauczyciel zademonstrował wartość jogi (naukowych technik dla urzeczywistnienia Boga) nie tylko w życiu, ale także i w śmierci. Przez wiele tygodni po tym jak odszedł, jego niezmieniona twarz świeciła nieulegającym zepsuciu boskim blaskiem.

Harry T. Rowe, dyrektor kostnicy na terenie Forrest Lawn Memorial Park, (gdzie ciało wielkiego mistrza zostało tymczasowo umieszczone), wysłał do Self-Realization Fellowship uwierzytelniony notarialnie list, z którego cytujemy następujące wyjątki:

„Brak jakichkolwiek widocznych oznak rozkładu na ciele Paramahansy Joganandy jest najbardziej niezwykłym przypadkiem w naszym doświadczeniu [...]. Żaden fizyczny rozkład nie był zauważalny na jego ciele nawet dwadzieścia dni po śmierci [...]. Żadne objawy pleśni nie pojawiły się na skórze, ani żadne dostrzegalne odwodnienie (wysuszanie) nie miało miejsca w tkankach ciała. Ów stan doskonałego zachowania ciała, jak na to wskazują rejestry naszej kostnicy, nie miał nigdy dotąd miejsca [...]. Od chwili przyjęcia ciała Joganandy personel kostnicy spodziewał się, że zaobserwuje poprzez szklane wieko trumny, zwykłe oznaki cielesnego rozkładu. Nasze zdumienie wzrastało, kiedy dzień za dniem nie przynosił żadnych widzialnych zmian w obserwowanym ciele. Ciało Joganandy pozostawało w fenomenalnym stanie niezmienności [...].

„Żaden odór rozkładu nie wydzielał się z jego ciała w jakimkolwiek momencie [...]. Fizyczny wygląd Joganandy w dniu 27 marca, tuż przed zakryciem trumny wiekiem z brązu, był taki sam jak w dniu 7 marca. Wyglądał w dniu 27 marca tak samo świeżo i nietknięty przez rozkład, jak wyglądał w dniu swojej śmierci. W dniu 27 marca nie było w ogóle żadnego powodu, aby powiedzieć, że jego ciało zostało dotknięte przez jakikolwiek dostrzegalny rozkład. Z powyższych powodów ponownie oświadczamy, że przypadek Paramahansy Joganandy jest w naszym doświadczeniu unikalny".

CELE I IDEAŁY
SELF-REALIZATION FELLOWSHIP

*Ustalone przez założyciela Paramahansę Joganandę i
prezydenta Śri Mrinalini Matę*

Rozpowszechniać wśród narodów wiedzę o szczególnych naukowych technikach dla osiągnięcia bezpośredniego, osobistego doświadczenia Boga.

Nauczać, że celem życia jest przekształcenie, poprzez własny wysiłek, ograniczonej doczesnej ludzkiej świadomości w Świadomość Bożą; w tym celu zakładać świątynie obcowania z Bogiem Self-Realization Fellowship na całym świecie oraz zachęcać do zakładania indywidualnych świątyń Boga w domach i sercach ludzi.

Ukazać całkowitą zgodność i gruntowną jedność oryginalnego chrześcijaństwa jakiego nauczał Jezus oraz oryginalnej Jogi, nauczanej przez Bhagawana Krysznę; i pokazać, że te zasady prawdy są wspólnym naukowym fundamentem wszystkich prawdziwych religii.

Wskazać jedyną boską drogę, do której ostatecznie wiodą wszystkie ścieżki prawdziwych religii: drogę codziennej, naukowej, nabożnej medytacji o Bogu.

Wyzwolić człowieka z jego potrójnego cierpienia: chorób fizycznych, dysharmonii psychicznych oraz duchowej niewiedzy.

Zachęcać do „prostego życia i wzniosłego myślenia" oraz głosić wśród wszystkich ludzi ducha braterstwa przez nauczanie o wiekuistej podstawie ich jedności: pokrewieństwie z Bogiem.

Zademonstrować wyższość umysłu nad ciałem, duszy nad umysłem.

Pokonać zło dobrem, smutek radością, okrucieństwo

dobrocią, niewiedzę mądrością.

Zjednoczyć naukę i religię przez uświadamianie jedności ich podstawowych zasad.

Wspierać kulturowe i duchowe zrozumienie pomiędzy Wschodem i Zachodem, umożliwiać wzajemną wymianę najlepszych, charakterystycznych dla nich wartości.

Służyć ludzkości, jako większej własnej Jaźni.

Również wydane przez Self-Realization Fellowship...

AUTOBIOGRAFIA JOGINA
– autor Paramahasa Jogananda

Ta ciesząca się ogromnym uznaniem autobiografia to jednocześnie pasjonująca historia niezwykłego życia i wnikliwe, niezapomniane spojrzenie na najistotniejsze tajemnice ludzkiego bytu. Uznana po pierwszym jej wydaniu za doniosłe dzieło literatury duchowej, pozostaje nadal jedną z najpowszechniej czytanych i najwybitniejszych książek z zakresu mądrości Wschodu, jakie dotąd opublikowano.

Z ujmującą szczerością, elokwencją i dowcipem Paramhansa Jogananda przedstawia inspirującą kronikę swojego życia – doświadczenia niezwykłego dzieciństwa, spotkania z wieloma świętymi i mędrcami podczas swoich młodzieńczych poszukiwań oświeconego nauczyciela, które prowadził w całych Indiach, dziesięć lat nauki w pustelni szanowanego nauczyciela jogi i trzydzieści lat życia i nauczania w Ameryce. Opisuje również swoje spotkania z Mahatmą Gandhim, Rabindranthem Tagore, Lutherem Burbankiem, katolicką stygmatyczką Teresą Neumann i innymi słynnymi postaciami duchowymi Wschodu i Zachodu. Książka zawiera także obszerny materiał, który [Paramahansa Jogananda] dodał już po ukazaniu się w 1946 roku pierwszego wydania, oraz końcowy rozdział o ostatnich latach jego życia.

Uznana za klasyczne dzieło współczesnej literatury duchowej, Autobiografia jogina wprowadza nas głęboko w starożytną naukę jogi. Została przetłumaczona na wiele języków i jest powszechnie studiowana w college'ach i uniwersytetach. Stale na liście bestsellerów, książka znalazła sobie drogę do serc milionów czytelników na całym świecie.

„Niebywała historia". — THE NEW YORK TIMES

"Fascynujące i opatrzone klarownymi komentarzami studium" — NEWSWEEK

„Nigdy dotąd nie napisano w języku angielskim ani w żadnym języku europejskim równie doskonałej prezentacji jogi". — COLUMBIA UNIVERSITY PRESS

Książki Paramahansy Joganandy w języku polskim

Do nabycia w księgarniach lub bezpośrednio od wydawcy
Self-Realization Fellowship
www.yogananda-srf.org
Autobiografia jogina

Książki Paramahansy Joganandy w języku angielskim

Do nabycia w księgarniach lub bezpośrednio od wydawcy
Self-Realization Fellowship
3880 San Rafael Avenue • Los Angeles, California 90065-3219
Tel (323) 225-2471 • Fax (323) 225-5088
www.yogananda-srf.org

Autobiography of a Yogi

The Second Coming of Christ: The Resurrection
of the Christ Within You
Odkrywczy komentarz do oryginalnych nauk Jezusa.

God Talks with Arjuna; The Bhagavad Gita

Man's Eternal Quest

Wybór odczytów i pogadanek Paramahansy Joganandy. Tom I

The Divine Romance
*Wybór odczytów, pogadanek i esejów Paramahansy Joganandy.
Tom II.*

Journey to Self-realization
Wybór odczytów i pogadanek Paramahansy Joganandy. Tom III

Wine of the Mystic: The Rubaiyat of Omar Khayyam —
A Spiritual Interpretation
*Natchniony komentarz, który wydobywa na jaw mistyczną naukę
komunii z Bogiem, skrytą w zagadkowych obrazach poetyckich
Rubajatów.*

Where There Is Light: Insight and Inspiration
for Meeting Life's Challenges

Whispers from Eternity
Zbiór modlitw i opisy przeżyć duchowych, jakich Paramahansa Jogananda doznał w głębokiej medytacji.

The Science of Religion

The Yoga of the Bhagavad Gita: *An Introduction to India's Universal Science of God-Realization*

The Yoga of Jesus: *Understanding the Hidden Teachings of the Gospels*

In the Sanctuary of the Soul: A Guide to Effective Prayer

Inner Peace: How to Be Calmly Active and Actively Calm

To Be Victorious in Life

Why God Permits Evil and How to Rise Above It

Living Fearlessly: Bringing Out Your Inner Soul Strength

How You Can Talk With God

Metaphysical Meditations
Zbiór ponad trzystu medytacji, modlitw i afirmacji.

Scientific Healing Affirmations
Paramahansa Jogananda gruntownie wyjaśnia naukę afirmacji.

Sayings of Paramahansa Jogananda
Zbiór powiedzeń i mądrych wskazówek Paramahansy Joganandy. Są to odpowiedzi, jakich szczerze i z miłością udzielił tym, którzy przyszli do niego po radę.

Songs of the Soul
Mistyczne poezje Paramahansy Joganandy.

The Law of Success
Wyjaśnia dynamiczne zasady rządzące osiąganiem celów w życiu.

Cosmic Chants
Śpiewnik zawierający słowa i nuty 60 pieśni religijnych, ze wstępem, w którym Autor wyjaśnia, jak śpiew duchowy może doprowadzić do komunii z Bogiem.

Nagrania audio Paramahansy Joganandy

Beholding the One in All

The Great Light of God

Songs of My Heart

To Make Heaven on Earth

Removing All Sorrow and Suffering

Follow the Path of Christ, Krishna, and the Masters

Awake in the Cosmic Dream

Be a Smile Millionaire

One Life Versus Reincarnation

In the Glory of the Spirit

Self-Realization: The Inner and the Outer Path

Pozostałe publikacje Self-Realization Fellowship

Kompletny katalog opisujący wszystkie
Self-Realization Fellowship publikacje oraz nagrania
audio/video jest dostępny na żądanie.

The Holy Science – *autor Swami Śri Jukteśwar*

Only Love: Living the Spiritual Life in a Changing World
– *autor Śri Daja Mata*

Finding the Joy Within You: Personal Counsel
for God-Centered Living – *autor Śri Daja Mata*

God Alone: The Life and Letters of a Saint
– *autor Śri Gjanamata*

"Mejda": The Family and the Early Life
of Paramahansa Jogananda – *autor Sananda Lal Ghosh*

Self-Realization *(kwartalnik założony przez Paramahansę*
Joganandę w 1925 r.)

Lekcje Self-Realization Fellowship

Naukowe techniki medytacji rozpowszechniane przez Paramahansę Joganandę, łącznie z *krija-jogą* - jak również jego przewodnik na temat wszystkich aspektów zrównoważonego życia duchowego – zawarte zostały w *Lekcjach Self-Realization Fellowship.* Więcej informacji można uzyskać pisząc z prośbą o przesłanie bezpłatnej broszury "Undreamed-of Possibilities" dostępnej w języku angielskim, hiszpańskim i niemieckim.

www.ingramcontent.com/pod-product-compliance
Lightning Source LLC
Chambersburg PA
CBHW032011040426
42448CB00006B/578